高校行政管理与人力资源管理研究

闫玉洁　邹　林◎著

中国商务出版社
CHINA COMMERCE AND TRADE PRESS

图书在版编目（CIP）数据

高校行政管理与人力资源管理研究 / 闫玉洁，邹林著. -- 北京：中国商务出版社，2022.10
ISBN 978-7-5103-4340-7

Ⅰ. ①高… Ⅱ. ①闫… ②邹… Ⅲ. ①高等学校－行政管理－研究－中国②高等学校－人力资源管理－研究－中国 Ⅳ. ①G647.2

中国版本图书馆CIP数据核字(2022)第183198号

高校行政管理与人力资源管理研究
GAOXIAO XINGZHENG GUANLI YU RENLI ZIYUAN GUANLI YANJIU

闫玉洁　邹林　著

出　　版	中国商务出版社	
地　　址	北京市东城区安外东后巷28号　　邮　编	100710
责任部门	教育事业部（010-64283818）	
责任编辑	刘姝辰	
直销客服	010-64283818	
总 发 行	中国商务出版社发行部　（010-64208388　64515150）	
网购零售	中国商务出版社淘宝店　（010-64286917）	
网　　址	http://www.cctpress.com	
网　　店	https://shop162373850.taobao.com	
邮　　箱	347675974@qq.com	
印　　刷	北京四海锦诚印刷技术有限公司	
开　　本	787毫米×1092毫米　1/16	
印　　张	11.25　　　　　　　　　　字　数	232千字
版　　次	2023年5月第1版　　　　　　印　次	2023年5月第1次印刷
书　　号	ISBN 978-7-5103-4340-7	
定　　价	69.00元	

凡所购本版图书如有印装质量问题，请与本社印制部联系（电话：010-64248236）

版权所有　盗版必究　（盗版侵权举报可发邮件到本社邮箱：cctp@cctpress.com）

前 言

高等教育的任务是培养具有创新精神和实践能力的高级专门人才，发展科学技术文化，促进社会主义现代化建设。高等学校作为高等教育的重要组成部分，其以培养人才为中心开展教学、科学研究和社会服务，保证教育教学质量达到国家规定的标准。人力资源管理是一门迅速发展的学科，是一门系统地研究微观组织人力资源的吸收、选拔、培训、使用、考评、激励等管理活动的客观规律和具体方法的科学。随着人类社会高速发展，正处在知识经济时代，高素质的人力资源已经成为高校非常重要的战略性资源。

尽管社会经济在飞速发展，但是，各国围绕人才的竞争不变，高校培养人才这一中心任务不变。这使得高校在生存、发展的时候，必须更新管理理念。高等学校作为培养高素质创造性人才的摇篮与知识创新的重要基地，在国家的社会经济和文化建设中具有举足轻重的地位。本书以高校行政管理与人力资源管理为主要内容，并对其现状、发展和分布进行分析，阐述相关联的发展战略。本书对于高校行政管理与人力资源管理的阐述旨在顺应时代的要求，建立良性发展的高校行政与人力资源管理，促进高校与社会的和谐发展。

写作本书曾参阅了相关文献资料，在此，谨向其作者深表谢意。由于水平有限，书中错误、疏漏和欠妥之处，恳请各位专家和广大读者批评指正。希望可以帮助高校管理工作者在高校人力资源管理甚至是高校管理改革方向方面受到一些启发。

目 录

第一章 高校教育管理体系中的行政管理建设 ········· 1
第一节 高校行政管理总述 ········· 1
第二节 当前高校行政管理中的思考 ········· 2
第三节 高校行政管理改革与创新的具体措施 ········· 6

第二章 高校行政改革必要性、动力及执行 ········· 23
第一节 高校行政改革的必要性、依据和影响因素 ········· 23
第二节 高校行政改革的动力 ········· 37
第三节 高校行政改革的行政立法与执行机制 ········· 42

第三章 高校行政运行模式改革 ········· 47
第一节 决策模式改革 ········· 47
第二节 控制模式改革 ········· 50
第三节 我国高校运行机制的特点 ········· 52

第四章 高校人力资源管理基础 ········· 55
第一节 基本概念的界定和说明 ········· 55
第二节 创新高校教师人力资源管理的相关科学管理原理 ········· 60
第三节 先前理论的适应性分析 ········· 66
第四节 高校人力资源的优化配置 ········· 72

第五章 高校人力资源招聘管理 …… 94
第一节 高校人力资源招聘 …… 94
第二节 高校人力资源的招聘流程与聘任制 …… 97
第三节 高校人力资源招聘中的人才测评 …… 106
第四节 高校人力资源招聘中的对策 …… 114

第六章 高校人力资源规划 …… 121
第一节 高校人力资源规划的内涵 …… 121
第二节 国内外高校人力资源规划发展及现状 …… 124
第三节 高校人力资源规划的作用与任务 …… 128
第四节 高校人力资源规划的环境与原则 …… 132
第五节 高校人力资源规划的内容和程序 …… 136

第七章 高校人力资源发展战略 …… 155
第一节 高校人力资源发展的策略 …… 155
第二节 高校人力资源战略规划 …… 160
第三节 高校人力资源战略实施 …… 167

参考文献 …… 173

第一章
高校教育管理体系中的行政管理建设

第一节 高校行政管理总述

教育行政管理旨在培养具有较为扎实的经济科学、管理科学和教育科学理论基础，具备较为开阔的社会科学学术视野和掌握现代教育经济与教育财政研究方法的复合型专业人才，以适应我国政治经济文化发展和教育教学改革对高层次人才的需求，为中国教育经济与管理的发展造就一批与时俱进、奋发有为的高级人才。

高校行政管理通过控制、协调、指挥、组织和计划的措施，构建良好的生活、工作及教学秩序，为高校高素质人才的培养、取得高层次科研成果奠定坚实的基础。行政管理的主要工作是为高校师生提供良好的行政服务，确保学校科研及教学等工作顺利展开。其具有工作内容复杂、工作量大等特点。因此，让高校行政管理的工作为高校师生提供服务，就一定要注重高校改革及发展中高校行政管理的重要性，强化其服务性。

高校行政管理与学术管理相辅相成，因此，高校的内部事务可划分为学术事务和行政事务与之相对应，高校的管理可以划分为性质不同而又有关联的学术管理和行政管理。高校是知识的殿堂，"学术性是大学的灵魂"，学术管理在高校管理中具有举足轻重的作用。高校学术管理的主体包括学术人员和学术组织。学术管理的客体是学术事务，包括教学活动、科学研究、学科建设、课程设置、师资培养、学位授予以及就业、招生等事务。高校具有学术属性的同时，还具有行政属性，在其发展的过程中形成了自己的科层制结构，具有自己的行政体系。高校行政管理的主体是行政管理人员和行政机构，其客体是行政事务，主要涉及人事、组织、宣传、基建、后勤等事务。

高校行政管理的最终目标是使学校拥有的人力、物力等资源发挥出最大的效益，以完成学校的各项任务。我国高校行政管理在借鉴国外高校先进经验的同时结合我国国情初步形成了高校行政管理体系。这一管理体系在保障高校实现教学、科研两大主要任务目标，培养高素质大学生的过程中发挥着重要作用。当前，我国高校数量多，大学生人数众多，办学质量不断提高，办学条件也不断改善。全面深化改革时期，社会在较快发展的同时也对高校的教学、管理提出更高的要求。高校行政管理是保证高校办学方向、贯彻党的教育方针的重要保障。高校行政管理水平的高低直接影响着教学科研资源能否合理配置，因此，高效的管理工作对高校取得跨越式发展具有重要意义。

第二节　当前高校行政管理中的思考

一、高校行政管理中的问题

当前，各大高校实施行政管理的方式存在着差异。大部分传统高校行政管理的实施具有一定的基层制特点，在权力与人事方面存在下级服从上级的特点。当上级指定管理目标之后，每一级的行政管理者根据上级制定的目标，制定分目标。学校采取的行政政策也是逐级落实到基层。高校传统的行政管理在具体工作中缺乏创新意识、因循守旧、视野过于狭窄。学术与行政各部门相比而言，后者的权力明显高于前者。高校的主旨是学术研究，这是产生新观念、新思想、新知识的必经之路，也是高等院校在今后发展的最终趋势，更是高校学术创新、思想、知识以及文化建设的决定性条件。因此，高校学术管理应该具有相应的自治性与独立性。但是在目前高校行政管理状况中，学术权力的位置被行政权力所挤占，而且还呈现逐步加重的势态：学术权力的降低使高校学术研究受到严重的阻碍，其功能也被严重削弱。

（一）高校行政管理部门观念落后，缺乏服务意识

在服务型高校的建设过程中，行政管理人员要把为全校的学生和教职员工进行服务当作工作的重点。然而，在传统的高校行政管理理念中，行政管理工作人员并没有形成相应

的理念，工作人员对自身的定位没有放在服务上。不少高校在行政管理的过程中仍沿用过去的老办法与老思路，规范化与法制化建设明显不够，难以适应高等院校教学发展的需要。在行政管理方面，重视机构、重视权力分配、重视规章法则，但是在人才培养方面却遭受严重的忽视。在处理事务的时候，领导不表明态度，没有自己的立场，墨守成规。同时高校基层行政管理部门必须接受多层次的领导。基层工作人员面对繁忙的日常事务很难有足够的时间去思考、研究，导致高校行政管理工作的服务质量较低，难以满足高校学生与教职员工的具体诉求，也就导致了高校行政管理工作效率较低。

（二）行政管理人员素质偏低，无法满足发展需求

从某方面来说，行政管理应当属于一项辅助性的工作。在实际的行政管理中，注重效率与质量。但是在某些高校中，工作人员的素质与行政管理工作不符。第一，行政管理的人员来源范围广，很多工作人员并没有经过系统高等教育基础理论与专业管理知识的培训，也没有经过选拔，存在严重的"照顾"因素。这也导致行政人员素质缺位现象的发生。第二，高校高层领导对行政管理产生错误认识，认为其可有可无。在平时工作中，对工作人员疏于管理，采取放养式的管理方式，并未给其提供机会进行职业培训，也造成工作人员没有较高的素质。第三，受到机关化带来的负面影响，有部分工作人员没有先进的工作方式，形式主义、官僚主义现象严重。在平时，也没有通过学习武装自己，造成工作人员素质水平下降。

（三）高校行政管理组织结构不合理

机构设置不科学，行政管理人员多。我国的高校行政管理体系层级数量过多，许多部门的职责或功能都有所不同，机构重叠现象非常严重，并且行政人员数量每年只有增加没有减少，出现了行政管理人员冗杂的现象，使得校园行政很难达到理想的管理状态，决策力严重分散，权责不明，办事效率低下。这就导致教师与学生日常办理各种手续时，会面对相当复杂的工作流程。一件简单的事情就可能会涉及很多的部门，而部门之间权责不清，行政权力泛化。在这样一种情况下，行政部门相互配合与协作不够，造成巨大的人力、物力浪费，降低行政办公效率，给学生和教师带来了极大的不便。而有些高校的行政管理组织结构则较为单一，忽视了行政管理组织要为全校师生负责和工作的目的，成为一种自上

而下的管理模式。而合理的高校行政管理组织结构应该是一种自下而上的良性结构。这种不合理的组织结构严重降低了行政管理体系的工作效率，影响了高校的教学质量和科研水平。此外，行政管理存在官本位及层级制度。上至高校高层领导，下至教职工，存在较强的等级观念。

二、高校行政管理改革与创新的重要意义

由上述分析可以了解到，目前高校行政管理存在着较多的漏洞与不足。行政管理方面存在问题，在一定程度上影响高校教学活动的顺利实施。基于此，改革和创新高校行政管理具有非常重要的意义。

（一）适应新时期发展需要

高校是培养知识创新与高层次人才的重要领域，其在社会中的作用越来越突出，对社会影响力也越来越明显。高校教育持续发展，面对新时期各项要求，改革与创新已经逐渐受到高校的重视。高校唯有通过转变观念、更新管理模式，才能够推进高校行政管理改革与创新，才能够适应新时期社会发展的需要。

（二）保障高校改革发展顺利实施

在高校改革实施的过程中，高校行政管理具有协调、激励、参谋与保障等方面的作用。在高校日常办学活动中，出现任何问题，都有可能影响到整个学校的教学工作，影响高校后期的发展。而行政管理在此过程中就是借用服务来处理不同部门之间的关系，以达到扬长避短，充分发挥各方面的优势，促进高校深入改革的目的，进而完善监督检查制度，根据不同部门，制定出不同的督办要求，促使各部门在组织开展的过程中能够及时完成任务，并根据实际工作提出具有针对性的发展意见，促使高校各项工作顺利实施。

三、完善高校行政管理的基本思路

（一）协调行政管理与学术管理的关系

高校的行政管理与学术管理共同组成高校特殊的机构，这两者的本质就是要促进高校

的不断发展。在此过程中，需要这两部门进行互动，协调好两者之间的关系，保证各项问题能够被针对性地解决，提高高校决策的科学性、合理性，预防资源的浪费。协调好两者之间的关系，需要从管理体制、组织设置、制度建设与工作程序等多个方面着手，通过制度与体制促使学术管理与行政管理更加规范化。

（二）实行柔性化管理

在高校行政管理的过程中，采用柔性化的管理方式，不仅可以将工作人员的积极性与主动性充分地调动起来，还能够加强行政管理与学术人员之间的沟通交流，促使学校管理目标的实现。但是在实行柔性管理的过程中，首先就得树立民主管理理念，增强民主参与意识。在学校各项管理与决策的过程中，让师生参与进来，培养师生的主人翁意识与责任感。在行政管理的过程中，使用柔性化管理，可以激励内心，促进和谐校园的建设。同时还需要关注师生的情感需要。柔性管理的中心是人，充分尊重与理解是柔性管理的前提。行政管理的过程中将人的中心作用充分凸显出来，可以增加亲和力与凝聚力。

（三）提高行政管理人员的素质

改革和创新行政管理，行政管理队伍的建设具有非常重要的影响。不断提高行政管理人员的素质，优化行政管理队伍，是提高行政管理水平的要件。因此，高校就应当在行政管理人员选拔上，严格遵循相应的准则与标准，保证行政管理人员综合素质满足该项工作的需要。同时还应当对工作环境进行优化，促使行政管理人员在管理工作中能够将其视作自己的事情，尽心尽力办好。

（四）转变高校行政管理的观念

首先，在行政管理中，要做到以人为本，转变对行政管理的认识。对自身进行明确定位，树立正确的管理观念。其次，在实施行政管理工作时，积极探索以人为本的方法及思路。转变行政管理工作的工作方式，重点实行以人为本的管理。最后，在实际工作中，对于被管理者要给予足够的尊重。在日常教学中，关心教职工，让他们没有被冷落、孤立的感觉。使被管理者能够积极发展。坚持以人为本，不仅可以更好地落实行政管理的各项工作，而且也提高了行政管理在高校运行中的影响，更充分地发挥行政管理的重要作用。

（五）深入高校行政管理理论研究

实践出真知，但却是建立在现有理论的基础上。因此，为更好地促进行政管理工作的开展，很有必要对其进行理论研究。第一，对行政管理课题进行立项，鼓励学者对其理论进行研究，营造良好的研究氛围。第二，给予取得行政管理成果的学者奖励，调动高校学者研究的积极性，促进理论研究的顺利完成。第三，采纳成功理论研究进行深入研究。借鉴先进的研究经验，结合高校发展的实际情况，研究出适合自身学校发展的理论。

总而言之，在高校教学不断发展的过程中，高校行政管理作为重要的内容必须予以高度重视。而为能够与高校各项工作相互匹配，就得改革和创新高校行政管理，促使其在高校中发挥出真正的作用。

第三节　高校行政管理改革与创新的具体措施

一、重视高校思想政治教育

行政管理是学校管理的重要组成部分，高校的行政管理应该结合学校的办学特色和人才培养目标，根据相关的管理原则和办法，按照一定的流程，监督学校各个组织和部门的活动计划和进度，以实现学校各项资源的管理。思想政治教育是高校行政管理的重要基础，而行政管理也是顺利开展思想政治教育的良好保障。为了使高校思想政治教育和行政管理的作用有效地发挥出来，需要将两者有机地结合起来，以促进高校教育水平的提升。

（一）高校思想政治教育和行政管理的关系

1. 思想政治教育是开展行政管理工作的思想基础

高校在制定和实施行政管理措施时，都是要用思想政治教育来作为指导的。行政管理的目的是用规章制度来对高校师生的行为进行规范，因此行政管理活动具备强制性的特点。行政管理规范被管理者的行为，但是无法实现对被管理者的思想教育，简单来说就是即使高校的师生不认同学校的某些制度，但是为了不受到处分，也必须遵守规章制度。如果要让师生认可学校的规章制度并且能够自觉地执行，就需要在思想上对师生进行教育，让被管理者对制度的制定能够真正地理解,在思想层面上认可该制度,这样学校的规章制度才是有意义的。因此,思想政治教育是行政管理活动的思想基础,只有思想政治教育取得了成果,才能为学校的行政管理减小实施的阻力。

2. 行政管理是实施思想政治教育的途径

行政管理的强制性措施是思想政治教育的支撑,且思想政治教育能够巩固高校教育的成果。思想政治教育能够让学生树立正确的人生观和价值观,以保证学生的行为能够符合社会主流价值观,符合社会主义现代化建设的要求。然而单纯的教育对于学生产生的影响往往是有限的,对一些自制力比较差的学生,其作用甚至是微不足道的,这就需要运用行政管理的手段来辅助思想政治教育。根据思想政治教育中暴露出来的问题,行政管理依据学生的实际情况有针对性地制定规章制度,强制学生必须按照制度来执行,对于违反规章制度的学生要给予相应的行政处分。因此,强制性的行政管理能够规范学生的行为,约束那些自制力差的学生。

3. 思想政治教育与行政管理是相辅相成的

高校教育的最终目的就是培养有理想、有素质、三观端正的人才。思想政治教育与行政管理的根本目的也是促进学生政治思想素质的提高,两者在其中起着相辅相成的作用。从某些角度上来说,思想政治教育就是一种柔性的行政管理,而行政管理就是强制性的思想政治教育。行政管理活动如果没有思想政治教育作为基础,那么就会得不到学生的理解和认识,从而适得其反;如果思想政治教育没有行政管理作为执行手段,那么就会丧失强制力,对学生起不到教育的作用。因此,思想政治教育是实施行政管理的思想保障,而行政管理是实施思想政治教育采取一些强制性措施的手段。思想政治教育通过教育促进学生思想认识的提高,行政管理通过规章制度对学生的行为进行规范,两者都是为了学生树立正确价值观,并对学生做出正确的人生选择进行引导。

(二)高校思想政治教育和行政管理有机结合的具体做法

1. 改进思想政治工作体系以推动行政管理工作的顺利开展

第一,高校的思想政治工作主要是对学校的工作人员进行思想教育,学校要利用先进的管理理论来加强思想教育。学校要培养工作人员的参与意识和责任感,利用多种思想政治教育模式，将学校工作人员的参与意识调动起来，加强学校管理人员和被管理人员之间的关系，减少因为不能理解管理者的意图和对策而引起的不满情绪，为工作人员打造一个良好的工作环境。第二，对激励体系进行完善，以将工作人员的积极性充分调动起来，加强工作人员的参与。在以往激励制度的基础上，对管理者的行为激励以及关怀激励和支持激励等激励制度进行不断的改进。第三，强化培训，开展多渠道和多元化模式的业务知识和文化教育，提升工作人员的专业能力。

2. 提升行政管理干部的思想政治素质

要保证高校行政管理工作的高效性，关键是要具备一支具有高政治素质的行政管理干部队伍。行政管理干部需要具备高尚的品德和才华，怀有远大的理想和目标，无私奉献的精神和服务精神，能够克服工作中遇到的各种困难，能够认真努力地完成工作任务。除此之外，行政管理干部还要具有良好的知识构架，具备综合分析能力和处理具体问题的能力，只有德才兼备，才能强化高校行政管理干部队伍的素质建设。因此行政管理干部需要三观端正，不断提升自身的政治素养，才能实现思想政治教育和行政管理的有效结合。

随着高等教育不断地改革和深入，各高校的办学规模也不断加大，这也使得学校的管理工作中出现越来越多的问题，在这样的形势下，对高校行政管理者的要求也越来越高，而思想政治教育和行政管理的关系密切，高校在实施行政管理的同时，还需要加强思想政治教育工作，全面提高高校管理的有效性。

二、服务型高校行政管理体系的构建

随着我国社会经济的不断发展，教育的重要性越来越高，科教兴国已经成为我国重要的发展战略。而在我国高校高速发展的过程当中，各种设施的建设水平越来越高，服务型高校的理念已经深入高校工作中来，使得行政管理工作的内容和职能等方面发生了翻天覆地的转变。传统的行政管理模式无法满足我国服务型高校建设的要求，这也就使得我国高校的行政管理工作必须按照服务型高校的发展而进行相应的变革。通过积极地建立服务型行政管理体系、深入地了解服务型行政管理理念，完善相应的规章制度，可以使我国的服务型行政管理水平有大幅度的提升，一方面，促进了我国服务型高校的发展；另一方面，也提升了高校的教学和科研质量，具有重要的现实意义。

（一）高校行政管理的服务特性内涵

服务型行政管理也就是指在高校的行政管理过程中，要以满足教师和学生的需求为根本目标，通过更好地对教师和学生进行服务，从而提升行政管理水平。服务型行政管理的基本理念，就是以学生和全体教职员工为中心，以人为本的行政管理理念，核心目的是为学生和全体教职员工提供更加优质的服务。而对传统的行政管理理念进行更改，通过强化服务型行政管理理念，完善服务型行政管理相关的规章制度，从而更好地对高校学生和全体教职员工提供相应的服务，提高学校整体的行政管理水平，从而推动学校在教学水平、科研水平等方面的全面发展，使高校的综合实力能够不断地提升。一方面，根据高校服务型行政管理的深化使用，可以有效地保证高校行政管理的公开性，让每个学生和教职员工都能够对高校行政管理有充足的认识，促进高校行政管理与日常教学和科研方面有机结合，促进双方的共同发展；另一方面，服务型行政管理的运用有助于提高高校行政管理的公正性。由于高校人数众多，平时所需要处理的任务也较多，通过对于服务型行政管理的实施，可以让每件工作都能基于学生和教职员工的需求而进行，有效地保证了服务型行政管理的公正性和公平性。高校行政管理的服务特性有以下几个特征：

1. *专业性的服务*

由于高校中各个系别、学院都具有不同的专业，高校的行政管理工作过程中，经常会出现一些涉及专业领域的管理工作，而这些管理工作由于具有极强的专业性，也就给高校行政管理工作者带来了较大的工作难度。因此，高校行政管理工作人员要有足够的专业知识，只有具有专业能力的工作人员才能够更好地进行高校行政管理工作，从而为高校学生和教职员工提供更多优质的服务。

2. *服务客体具有多样性*

服务型的高校行政管理体系的工作核心，是满足学生和教职员工的基本需求，为学生和教职员工服务。然而，由于学校中的人数众多，每个人都具有不同的要求，导致了高校行政管理体系的服务具有多样性的特点。因此，高校行政管理工作人员要针对每个服务客体的具体要求，进行不同的行政管理服务，从而满足每个服务客体的基本要求，提升高校行政管理的服务能力。

3. 服务具有规范性的特征

对于高校行政管理体系而言，只有具备了较强的规范性，实行规范化的服务，才能更好地提升高校行政管理的服务质量。因此，高校行政管理体系的建立，要以满足学生和教职员工的需求为核心理念，对学生和教职员工进行规范化的服务，在每一个工作的环节都要进行科学的设置并管理，优化高校行政管理工作的工作流程，从而让高校的学生和教职员工能够享受到更加优质的服务，促进高校教学质量和科研水平的不断发展。

（二）高校行政管理服务特性的意义

高校行政管理是学校在日常运行和发展过程中重要的组成部分，在高校中占有重要的地位。高校行政管理能力的不断提升，有助于高校教学能力和科研能力的发展，对于服务型高校建设而言，服务型高校行政管理具有更重要的地位。

1. 服务型高校行政管理有助于高校行政管理改革

高校行政管理是维护高校日常运作和发展的重要环节，也是高校进行教学和科研的重要保障。不同的高校由于其实际情况有所不同，行政管理体系也有所不同，其管理模式对不同的高校具有不同的影响。而随着服务型高校理念的不断深化和发展，传统的高校行政管理模式已经无法符合高校的发展和建设，因此，对高校行政管理体系进行相应的改革，已经成为高校不断发展的必然要求。服务型高校行政管理是以高校学生与全体教职员工的诉求为核心的，以为学生和全体教职员工提供服务更好地满足服务型高校的建设理念。因此，服务型高校行政管理的使用可以有效地促进服务型高校的不断发展，促进高校教学水平和科研水平的不断提高。

2. 服务型高校行政管理有助于培养高素质的优秀人才

高校的核心目的是为国家和社会培养更多高素质的优秀人才，而服务型高校的核心理念更是以学生和教师为本，对学生的能力和素质进行培养。因此，服务型高校行政管理要立足于学生和教师的实际要求，为高校的教学和科研提供更优质的服务，为高校的人才培养奠定坚实的基础。对于服务型高校行政管理理念的深化和使用，可以有效地培养行政管理部门的服务理念，从理念上提升行政管理部门的服务意识，使得行政管理部门能够更好地对学生和教职员工进行服务，让高校培养高素质的优秀人才的核心理念能够融入行政管理部门当中，从而使得全校形成为培养学生服务的理念，提高教师的工作积极性，促进教学水平的不断提高。同时，服务型高校行政管理模式的使用，还可以给学生一个良好的生活和学习环境，激发学生的学习兴趣，提高学生的学习效果，为高校培养出更多高素质的优秀人才。

3. 服务型高校行政管理有助于高校科研发展

高校除了是培养人才的重要场所，还是进行科研的重要场所。传统的高校行政管理模式，注重行政权力的主体地位，而忽略了学术权力的重要作用，导致了高校行政管理体系无法为高校的科研做出应有的贡献，导致高校的科研水平难以得到提高。而在服务型高校中，除了注重对学生的培养以及对学生与全体教职员工的服务，还要注重提升学校的科研能力，这就要求在行政管理模式中，更加注重学术的重要地位。服务型高校行政管理模式能够更好地协调各个部门之间的关系，让各个部门能够在促进高校科研水平的目标上共同努力，从而为高校顺利进行科研提供相应的保障。同时，在服务型高校行政管理的模式下，不光要注重高校的日常工作，更要着眼于未来，对于高校的未来发展有一个明确的认知，建立相应的战略方针，从而有效地提升高校的教学质量和科研水平。

（三）基于服务特性的高校行政管理工作构建思路

1. 改变传统的高校行政管理理念

传统的高校行政管理理念，更加侧重管制整个行政管理的工作流程，使工作的每一个环节都能更加符合高校相关的规章制度，而忽略了行政管理应该满足学生与教职工的基本要求，这也就导致了服务型高校行政管理体系难以进行构建和发展，阻碍了高校的发展步伐。因此，在高校服务型行政管理体系的构建过程中，高校的行政管理部门必须转变传统的行政管理观念，通过树立以学生和教职员工为本的服务思想，来对全校的师生负责，在行政管理的工作过程中，充分考虑学生与教职员工的基本要求。

2. 建设服务型高校行政管理队伍

行政管理工作人员在整个行政管理工作流程中占有主体地位，行政管理工作人员的工作能力和素质，直接地影响了整个行政管理工作的质量。因此，对于行政管理工作队伍进行相应的建设，对提升服务型高校的行政管理水平具有重要的意义。在服务型行政管理队伍的构建过程中，首先要提高行政管理工作人员的思想政治素养，使行政管理工作人员具有良好的职业道德服务的意识。

3.建立完善的服务型高校行政管理制度

完善的制度是保证服务型高校行政管理顺利开展的重要前提，因此，在服务型高校行政管理的建设过程中，要对服务型高校行政管理的规章制度进行相应的建设。要建立相应的民主决策制度，让全校的学生与教职员工都能够融入管理过程中来。

还要建立一个行政管理水平和质量的评价监督机制，让学生和教职员工能够对服务型高校行政管理进行相应的评价，并指出其中的不足之处进行相应的改正，以保证服务型高校行政管理能够顺利地进行。

行政管理体系在我国高校的发展和建设上具有重要的意义，通过对于服务型高校行政管理体系的构建，可以有效地深化我国服务型高校建设，促进我国高校教学水平和科研水平的不断提升。

三、"以人为本"的后勤服务体系构建

后勤服务视角下的高校行政管理部门，不仅肩负着科研和教学的重任，还承担着学校后勤服务和管理的职能。现阶段，我国高校教育事业的发展推动了行政管理体制的改革，行政管理高校后勤工作面临着巨大的困难，而后勤行政管理部门属于学校的枢纽，起着协调内外的作用，因此，只有构建"以人为本"的高校行政管理体系，才能提高后勤行政管理的质量。

（一）"以人为本"的高校行政管理理念

"以人为本"的高校行政管理理念，是以"为广大师生服务"为宗旨，也是国家对教育事业发展的新要求，对我国政治、经济、文化的发展都具有深远的影响。在传统的管理模式下，高校行政管理理念落后，严重忽视了广大师生的主体作用，导致行政机构臃肿，管理人员工作效率低下，后勤服务质量得不到有效保障，严重影响了教学科研工作的开展。因此，只有对高校后勤行政管理体系进行优化和改革，贯彻"以人为本"的管理理念，将

服务教学、教师和学生当作首要任务，提高管理人员的综合素质，才能为高校各项工作的开展提供保障，促进我国教育事业的发展。

（二）高校后勤工作开展面临的困境

1. 后勤行政管理理念滞后

在传统管理因素的制约下，高校的后勤行政管理理念落后，过分强调行政职能，管理固定化、呆板化，强硬的政治管理导致后勤行政管理缺乏人文关怀，阻碍了高校后勤行政管理的发展，导致高校后勤服务无法跟上时代发展的步伐，影响了教育教学活动的开展。

2. 后勤服务保障功能低下

高校教育教学的主要目的是为社会培养高素质的复合型人才，科研教学是学校工作的核心内容，后勤服务则是为科研教学做准备的。近年来，高校的招生规模逐渐扩大，学生对学校的设施和服务要求越来越高，但是学校只重视科研教学工作，后勤工作边缘化，后勤服务保障功能低下，后勤行政管理人员综合素质低下，严重影响了学校后勤工作的开展。

3. 后勤干部队伍严重缺乏

高校在发展中长期处于计划经济体制的状态，学校后勤部门的职工多是教职工家属，这就导致高校后勤行政管理人员管理水平参差不齐，年龄结构不合理，后勤干部队伍严重缺乏，综合素质低下，对学校的发展趋势和发展需求掌握程度较低，无法为广大师生提供高质量的后勤服务。

4. 后勤运作机制极不协调

在计划经济背景下，高校的后勤运作机制极不协调，高校后勤行政管理仍采用传统的后勤行政管理模式，没有将现代化的信息管理技术应用到后勤行政管理中，这就使得高校后勤行政管理缺乏科学指导，无法按照市场经济原则实现高校资源的优化配置，严重影响了"以人为本"的高校行政管理体系的构建。

（三）"以人为本"的高校后勤行政管理体系的构建

1. 树立"以人为本"的管理理念

要实现高校后勤的人性化管理目标，必须树立"以人为本"的管理理念，确保后勤行政管理舒心、放心；能够充分满足现代化管理要求，加强管理的人性化，才能充分调动后勤人员的工作积极性和主动性，确保其在工作中尽心、尽力、尽责，更好地服务于广大师生，让教师和学生在良好的校园环境中工作和学习，从根本上实现人力、财力、物力的功能最大化和效用最大化。

2. 提升后勤服务保障功能

随着高等教育的大众化发展，高校后勤工作正朝着社会化的方向发展，学校的大学生多为00后独生子女，他们对高校后勤服务的要求不断细化。为有效满足学校、教师和学生的基本需求，必须重视对后勤行政管理体系的优化和完善，改变传统的后勤行政管理模式，提升高校后勤服务保障功能，为广大师生提供主动、高效、便捷的服务，充分满足高校发展的基本需求。在高校后勤行政管理工作中要坚持走可持续发展的道路，实现科学化管理，以人为本，提高高校后勤行政管理人员的工作热情。

3. 建立高素质的后勤干部队伍

要想做好高校后勤保障服务工作，必须重视对高校后勤人员的培养，建立高素质的后勤干部队伍。部分高校硬件设施不齐全、后勤短缺现象严重，高校只有加强高素质后勤干部队伍建设，聘请专家开展后勤服务知识讲座，不断更新高校后勤行政管理理念，提高后勤人员的责任感、服务意识和服务水平，才能使高校后勤行政管理跟上时代发展的步伐。

4. 优化和完善后勤运作机制

随着科学技术的快速发展，传统的后勤行政管理模式已经不能满足高校教育事业发展的需求，因此，优化和完善高校后勤运作机制是十分必要的。将先进的信息技术应用到后勤行政管理中，能够实现高校后勤的信息化管理，使后勤行政管理部门及时掌握并汇总工作信息，为高校后勤行政决策创造有利条件。高校还可以构建信息交流平台，有效实现师生和后勤人员的双向互动，提高后勤行政管理水平，使后勤行政管理工作科学化、规范化、合理化。总之，高校后勤服务是学校中心工作开展的重要保障，后勤部门只有在服务广大师生的过程中贯彻落实"以人为本"的理念，才能为高校后勤工作和教育教学工作开拓新的局面，实现高校后勤行政管理的科学化和规范化，促进教育教学活动的开展。

四、高校行政管理效率提升策略

面对时代发展的要求，高校行政管理应加强制度建设，依托制度优势提高行政管理效率，积极吸纳优秀管理人才，构建完善的辅助机制，切实解决行政管理中存在的问题，为高校行政管理工作水平的提高提供保障。从制度层面出发，应重点思考提高高校行政管理水平的现实路径。

（一）健全人才准入制度，引进行政管理人才

在高校行政管理领域，大部分行政管理人员都来自基层，其管理方法与管理理念是在日常工作中形成的，而且是以工作经验为基础开展各项管理工作。大部分行政管理人员自身所具备的知识水平偏低，没有掌握新型的管理方式，管理理念较为落后。随着时代的发展，尤其是信息化水平的不断提高，依托工作经验的行政管理模式已无法适应时代发展的各种要求。基于此，在高校行政管理中应高度重视创新管理模式的问题，积极构建完善的人才准入机制，以此提高行政管理队伍的整体水平；应以人才退出机制为辅助，对行政管理人员进行定期考核，依据其表现决定去留。发挥机制优势能够激发高校行政管理的活力，提高管理效率与质量。

（二）完善管理和服务的责任制和绩效管理

公立高等院校的经费来源主要为政府拨款，在院校管理层面需要受到行政体制的约束，因此，应结合院校实际，打破传统的单一制行政管理模式，引入管理责任制和服务责任制，以企业管理和服务模式为参考，切实将行政管理工作落实到个人。此外，要适当下放行政管理权力，依据管理人员个人特长合理安排管理岗位，使管理人员的才能得到充分发挥，提高个人发展与高校发展的契合度。

1. 明确行政管理人员的职责

在工作中，只有按照岗位的不同，制定不同的绩效考核标准，才能达到完善绩效管理的目的。第一，高校需要根据自身的运转需求，确定行政管理部门以及行政管理工作人员的数量。如果学校的规模比较大，则可以设置较多的行政管理人员，反之则要减少。第二，要根据岗位的不同，确定不同的工作职能，规定行政管理人员所应该承担的责任和义务，使行政管理的效率得以提升。第三，学校要为每个行政管理人员确定对应的绩效目标。比

如，在确定绩效目标的时候，需要根据部门的整体绩效目标、个人的岗位要求、行政管理目标、行政管理的难度等方面进行综合考量，使绩效管理的目标可以在工作当中得到实现。

2. 完善绩效管理考评体系

需要完善绩效考评体系，才能有效完成绩效管理的目标，促进行政管理人员的自我提升，因此在实际过程中需要加强绩效考评体系的修正，才能满足管理的要求。为了使高校行政管理人员的绩效考评更合理、更有效，应从以下几个方面入手：

(1)目标分解，计划到位，科学定位，有效沟通，职责明确。在绩效管理的四个环节中，绩效目标的设立最重要，它是绩效管理活动的中心和总方向，决定着计划时的最终目的、执行时的行为导向、考核时的具体标准。设定绩效计划目的在于将学校发展战略及目标与每位行政管理人员的行动结合起来，确保行政管理人员的工作目标与学校的战略目标保持一致，以最大限度地保证学校战略目标的实现。绩效计划必须清楚说明期望行政管理人员达到的结果以及为达到该结果所期望行政管理人员表现出的行为和技能。通过层层分解目标来实现，并力争保持学校战略目标与规划和教职员工个人愿景和谐一致。

(2)重视过程考评和控制，力求考评的完整性和连续性。控制是管理的一项基本职能，它是通过对计划执行情况的监督、检查等方式，及时发现目标偏差，找出原因，采取措施，以保证目标实现的过程。一个完整的绩效管理系统包括绩效目标与计划、绩效控制、绩效考评、绩效反馈四个环节。要使绩效考评真正有效，必须关注以下几个方面：

第一，做好平时记录，形成绩效文档。绩效管理一个很重要的原则就是无意外，认真做好被考评人员的平时绩效记录，形成绩效文档，作为年终考评的依据，确保年终考评有理有据、公平公正。

第二，营造浓厚的学习氛围，提高员工自我学习能力。高校本身就是一个学习型组织，更要根据不断变化的形势，调整人才培养和人才需求的目标和计划，为行政管理人员的发展营造一个良好环境，创造相应的条件。

第三，慎重选择考评主体，体现全面性、针对性。高校行政管理人员服务的对象主要包括领导、教师、学生及其他相关的管理人员。应该说相对教师来说要广泛得多，同时，不同的行政管理岗位又有自身不同的主要服务对象，对行政管理人员的绩效考评应慎重选择其考评主体，力求全面性、针对性，并考虑到其与被考评人的关系、素质、各类考评主体的人员分配比例等因素，从而使考评结果更具公平性、公正性、合理性，也更可信，更有效。

第四，确立奖惩性评价与发展性评价相结合的价值取向。在绩效考评过程中，由于价值取向的不同，评估的指标、标准及考核评估的方法等都会有相应取舍。可以说价值取向是绩效考评的基础，也是建立整个绩效考评体系的方向。奖惩性评价主要以奖惩为目的，是一种不完全的评价，是一种终结性的面向过去的评价。它在某种程度上可以促进改革，促进提高，引起部分人员的共鸣和反响，但它从根本上忽视了评价的激励改进和导向的功能，不利于促进全体行政管理人员的发展。而发展性评价既注重人的全面发展、和谐发展、个性发展和人格完善，又注重一个组织发展和社会发展的需要，体现价值一元性与多元性的统一。但发展性评价若不与奖惩性评价相结合，又会导致广大行政管理人员无压力和激励刺激，同样对提高管理水平及服务质量无益。因此，在高校行政管理人员的绩效考评中必须将两种评价方法结合起来，综合运用，才能收到很好的效果。

第五，重视个人绩效的同时，关注团队绩效，实现绩效最大化。对于高校的每个行政管理岗位而言，实际上都要求多种能力的组合，而每个人的能力结构是不同的；同时，一个人的能力也是有限的。而高校的行政管理是个完整的系统，许多管理工作是相互联系、相互影响、相互制约的。因此，学校管理者若能在进行个体绩效考评指标设定时，根据各岗位的实际情况，适当加入一些与团队绩效和流程相关的指标，并通过团队绩效目标及相关工作流程将具不同能力结构的人融合在一起，量才用人，任其所长，不任其所短，创造机会，重视引导，就会形成团队成员互促共赢的局面，实现绩效最大化。

3. 加强考评结果的运用

首先，要重点关注考评结果的反馈。当完成考评之后发现行政管理人员存在的问题，要及时寻找原因，找出解决的方法，改善行政管理人员的行为。其次，要将考评结果与行政管理人员的薪酬、升职挂钩，使行政管理人员可以争先提高自身的工作质量，以期获得更好的考评成绩。最后，要将考评结果进行对外公布，使行政管理人员可以了解到绩效管理的权威性，从而注意自身的行为，提高行政管理的效率。

4. 强化绩效考核的激励措施

人们总是期望完成任务并取得阶段性成绩后，能够得到适当的奖励和大家的肯定。组织的战略目标如果没有相应的物质激励或精神激励来持续强化，长此以往，高校行政管理人员的工作积极性就会逐渐消失。根据激励理论及激励方法的不同，高校行政管理人员的管理者可从以下几个方面强化绩效考核的激励措施：

（1）物质激励。现阶段，物质激励仍然是大多数高校行政管理人员关注的重心。高校行政管理人员的管理者可以将各岗位人员特征和性格特征、需求的差异性、服务数量、服务质量、服务对象的满意度及服务难易程度等综合测评结果与其绩效工资挂钩，在各单位内进行绩效工资的二次分配，不同部门不同岗位不同的行政管理人员之间拉开差距，以体现多劳多得、优绩优酬。如在重庆某所高校，教职工的工资由基础工资和绩效工资组成，基础工资是保证职工的基本生活水平，绩效工资是跟工作量及服务质量成正比，完成学校规定的整个工作量，才能拿到基本固定工资。绩效工资则依据德、能、勤、绩、廉五个考核标准对高校行政管理人员进行考核，将考核结果按绩效工资比例发放，这种基于绩效考核的薪酬分配机制是物质激励的一种方式，但不能包括激励机制的全部。

（2）精神激励。物质激励与精神激励两者之间相互配合，相得益彰，缺一不可；只重视物质激励而轻视精神激励不仅会加重学校经济负担，而且对员工的长远发展不利；而只重视精神激励轻物质激励，不能满足职工的基本生活需求。因此要两者有效结合，各自发挥自身优势，弥补另外一方的不足。精神激励相对于物质激励而言是无形的激励，是看不见摸不着的激励方式，但是能满足人们精神上的需求，包括对他们的工作认可、岗位晋升、培训激励和被尊重的激励等多种形式的激励手段，能给他们带来荣誉感、成就感和满足感，持续地凝聚他们的心，让他们激情饱满地实现组织目标；随着人们生活水平的提高，高校行政管理的决策者和管理者在采取物质激励的同时，还应该把重心转移到满足较高层次需要方面。马斯洛需求层次理论中指出，人们在满足生理需求和安全需求后，会更多地关注社交、自尊、自我实现等更高层次的需求。

（3）知识激励。知识激励也是激励中的重要部分，是指根据高校行政管理人员对知识的需求，及时提供必要的技能知识、信息及学习知识的机会来调动他们的积极性和创造性的一种激励手段。高校行政管理人员是知识型人才，他们既有一般人的基本需求，又渴望生活的归属感、事业上的成就感和社会上的荣誉感，收入对其满足需要的边际效用呈递减趋势，随着生活水平的提高，对物质激励越来越淡化，非物质的需求所占的比重越来越大，自我实现需求占据主导地位。知识激励主要包括向各个职能部门行政管理人员提供必要的专业知识培训和获取各种知识的机会，如定期将高校行政管理人员输送到与自己工作或所学专业相关的培训基地进行知识培训，以提高其专业知识技能和综合素质。

（4）目标激励。目标激励是指高校设置整体发展的目标，使行政管理人员的个人目标与学校的整体目标紧密地结合在一起，让他们感觉到他们的个人利益与学校整体利益息息相关，愿意全心全意为高校发展服务。建议高校行政岗位的管理者在采取物质激励的同时，还须结合目标激励机制，结合各个部门不同岗位人员的绩效考核结果，能力和素质特征、服务态度、服务质量和工作效果，为其确定适当的岗位目标。岗位目标再分解成多个目标与本人工作岗位有效地结合起来，能够诱发人努力地去争取和进取。心理学上把目标称为诱因，启发其奋发向上的内在动力。同时各高校根据自身战略目标和学校的财力引入现代企业人力资源管理理念，并制定竞争性和市场化的薪酬制度，从而吸引优秀人才，推动教育事业的发展。一方面，将有事业心、进取心、有领导力、综合水平兼优的人员安排到重要的工作岗位上，充分挖掘他们的才能，调动他们的工作热情，推动他们的职业生涯发展；另一方面，可以根据绩效考核结果对高校行政管理岗位进行优化配置，将不同岗位不同层次的人员合理配置到相对应的岗位上去，人尽其才，才尽其用。

（三）建立健全行政管理制度，实施量化管理和信息化管理

有章可循是开展各项管理工作的重要前提，同时也是确保管理取得成效的关键。为了提高高校行政管理效率，需要构建完善的管理制度，依托制度优势开展各项行政管理工作。为此，在院校内部应针对管理人员设置值班制度、岗位责任制度、办公制度等。还应结合管理人员的工作特征，设置绩效考核制度，确保绩效考核所采取的评价指标具有代表性与科学性，并将制度落实情况纳入个人考核内容之中，与绩效联系在一起。在管理制度构建的过程中应始终坚持以人为本的工作理念，面向所有行政管理人员征集相关意见，以确保制度本身具备良好的操作性和实践性。在高校行政管理中存在着较多环节的信息沟通问题，

如管理高层向基层传递信息需要经过多个层级，而基层向管理层传递信息也同样需要经过多个层级，导致信息传递效率较低，难以发挥信息的时效性。基于此，应完善高校行政管理机构，分别设置问题调查部门、意见收集部门、服务监督部门与政策编制部门等，对每个部门的职责和权力给予明确的界定，并构建监督机制，以保障行政管理工作的高效性。此外，在管理方法上，应引入信息化管理与量化管理方式，结合院校发展实际与时代发展特征，不断更新行政管理理念，引入先进的管理方式，有效提升高校行政管理的水平。随着社会经济的不断发展，市场对人才培养提出了新的要求。高校需要高度重视管理工作。当前，我国高校行政管理体制仍存在一些问题，希望每一位高校行政管理工作者都能拿出一份严谨与认真，使教育管理工作得以完善，行政管理工作得到加强，为我国高等教育的人才培养做出积极的贡献。

（四）加强各部门的协作，增强沟通交流

行政管理者应胸怀大局意识，根据高校的发展规划方针，统筹兼顾，有侧重、有目标地安排各项工作，保证学校各项工作的顺利推行。行政管理需要良好的前瞻性，不可只顾眼前利益或者部门、小集体利益，眼中要有学校这个"整体"，各部门、教学单位分工协作，并无孰轻孰重的概念。加强各部门的协作，增强沟通交流，吸纳有效建议，弥补当前工作的不足之处，提高整体行政管理水平。

高校行政管理依赖于高校行政管理信息的通畅。信息的通畅离不开有效的管理沟通。为了改善高校行政管理沟通，第一，要拓宽信息沟通渠道。人与人之间的沟通除了正式的沟通还需要非正式的沟通，有时候非正式的沟通甚至比正式沟通更有效。高校行政管理人员应该深入研究师生员工喜爱的沟通方式，才能做到管理信息沟通的快捷、有效。第二，要提倡双向沟通。双向沟通是指有反馈的信息沟通，这种反馈可以进行多次，直到双方满意为止。它的优点是信息传递的准确性和接收率较高。

（五）强化行政管理人员的忧患意识

行政管理人员需要增强责任感、使命感，同时也需要具有忧患意识，增强危机感、紧迫感。忧患意识在一定程度上包含预见意识和防范意识。"祸兮福之所倚，福兮祸之所伏"，忧患意识的重要表现就是善于从看似平静的日常工作中预见危机，从有利中发现不利，准

确判断，未雨绸缪，防患于未然。当前是我国高等教育的快速发展阶段，许多高校都处于转型的关键时期，行政管理人员要保持清醒的头脑，增强工作的预见性，并且做好各种应急预案。总而言之，我国高等教育事业发展迅速，高校行政管理也需要迎难而上，锐意进取，不断深化教育管理体制改革，减少行政管理层级，丰富行政管理人员的管理工作经验，完善行政管理工作方法，提升行政管理工作效率，为我国新时期高等教育事业发展做出应有的贡献。

（六）提升高校行政管理人员自我价值感

高校行政管理人员自我价值感的高低影响其自我实现的进程，影响其自身的心理健康水平，还直接影响其工作效率和工作潜能的发挥。因此，提升高校行政管理人员的自我价值感是必要的，也是具有现实意义的。

1. 提高自我概念水平

自我概念是个体对自己的总体知觉，它包括对自己的生理自我、道德自我、心理自我、社会自我、家庭自我、自我认同、自我满意和自我行动等维度的认知和评价。低自我价值感的高校行政管理人员应该首先学会正确地、合理地认识自我，学会欣赏自我，并诚恳地接纳自我，在工作中不断地审视自我、分析自我和探索自我。只有提高了自我概念水平，才能对自己提出合理的目标和期望，工作中才能够很好地把握自己，创造更高的自我价值感。

2. 培养积极思考心态

个体的思维方式的性质决定其行动能力，行动的能力决定其工作的效果，工作的效果决定其自我评价，自我评价决定其自我价值感的高低。高校行政管理人员开展工作的过程中，常常会遇到许多不确定的因素和不能自主的情况，这些使他们在工作中有不确定感、烦躁不安情绪、无助感、焦虑等负面情绪。因此，工作中学会运用积极思考法，可以帮助他们发现工作中的乐趣，积极地面对工作中的挫折、压力，合理进行自我心理调节，保证愉快地开展工作，获得较好的、满意的工作绩效。

3. 提升情绪管理能力

根据相关研究，个体的情绪智力更多的是指个体的情绪管理能力。个体的情绪管理能力可以反映一个人的成熟水平，情绪管理能力强的个体可以控制自己的不良情绪，如果个体情绪出现波动，可以主动地调节，使其适应自己的工作和生活，或者将其对工作和生活的影响控制在最低水平。在工作过程中，无论是由于自身人格因素，还是工作因素，高校行政管理人员都会出现情绪波动，甚至情绪难以控制的情况。如果处理不当，不仅会影响他们积极地开展工作，还会影响其积极的自我价值感的形成。高校行政管理人员可以通过学习放松技巧，掌握一种或几种放松技巧，帮助自己稳定情绪。通过这些情绪管理技巧或情绪管理方法，可以帮助高校行政管理人员理智地面对工作中遇到的各种情境，成功地处理工作中的难题，并能够得到别人和自己的积极的肯定，有助于他们形成积极的、正向的、健康的自我价值感。

4. 规划职业生涯

合理地进行职业生涯规划，可以帮助个体有计划地进行自我实现，让个体在人生的每个阶段都可以形成高自我价值感。高校行政管理人员可以根据个人的实际情况和工作任务，并结合学校的发展目标和方向，对自己的职业生涯进行规划，让自己清楚地知道每个阶段该做什么，可以检验自己每个阶段自我发展和自我完善的课题完成情况。这样他们可以在工作中完成自我实现，进行自我成长，提升自我价值感。

（七）加快行政管理的信息化和现代化建设

21世纪是信息技术的时代，随着信息技术已被越来越广泛地应用到工作、生活的各方面。各高校应充分、合理地利用资源，加速高校行政管理工作信息化、现代化进程，提高管理效率，改善管理条件，逐步做到管理手段和设施的现代化、网络化。

第二章
高校行政改革必要性、动力及执行

第一节 高校行政改革的必要性、依据和影响因素

一、高校行政改革的必要性

（一）高校提高自主办学能力的需要

我国目前的高等教育行政管理体制受以前的计划经济体制的影响较大，在进行行政管理时，任何事务，不论大小，都要接受统一的管理，长此以往，就会严重限制高校办学的自主性。因为长期依赖于政府的管理、领导，甚至是学校发展方针的制定和资金的使用也由国家指导，所以高校不用对自身的发展投入太大的精力，对办学质量的关注度也会降低。为了提高高校的自主办学能力，使其得到更好的发展，就需要对高等教育行政管理体制进行改革，划清权限范围，给予学校适当的办学自主权。

（二）高校培养浓厚学术氛围的需要

高校本身就是为国家培养人才，进行学术研究、科学发明的地方，但是由于我国高等教育的行政管理体制与国家的行政管理体制存在一致性，我国高等院校内的官僚气息重，专家学者在进行科研，学生在学习时，总会受到这些不良习气的影响，高校内的学术氛围难以营造，或者不够浓厚，使得高校的办学目的受到扭曲。为了保证高校办学的纯洁性，为国家输送更高质量的人才，就需要对现在的高等教育行政管理体制进行改革，清除这些不正之风，营造浓厚的学术氛围。

（三）高校适应市场经济发展的需要

市场经济的需求，随着时间的推移不断发生变化，高校只有具备对市场变化的适应能力，才能够得以立足和稳定发展。但是我国高等教育行政管理体制由于长期受到中央集权管理模式的影响，不具备自主及时调整的能力。为了使高校能够适应市场经济的发展，就要对高等教育行政管理体制进行改革，对其提供帮助，为我国高等教育提供良好的发展空间和支持。

二、我国高校行政管理体制改革的依据

以发展为主题、以结构调整为主线、以政府部门放权和管理体制创新为动力、以提高办学质量为出发点是当下高等教育改革的主要特征。高等教育体制和运行机制正从适应计划经济转变为适应市场经济，资源配置正从政府主导型的计划配置转变为在政府宏观指导下让市场发挥调节作用；教育政策越来越体现公平与效率的统一；人才培养规格和模式日益多样化；教育在促进思想道德观念更新、社会进步方面的作用越来越大。建立现代大学制度是当前高等教育改革深化的必然要求，也是内部改革的外在动因。

随着高等教育改革重心的逐步下移，高等学校本身在改革中的地位已经越来越重要。发达国家的历史经验也表明，教育的改革必定经历一个从系统的、宏观的层面转向学校层面的过程。这种转向是高等教育本身的使命和功能决定的，因为人的培养毕竟是由学校承担的。随着高校办学自主权的落实，高校的办学规模普遍在扩大，内部管理活动的独立性和重要性也日益显现。

高校在许多方面的权力越来越大。如学校的发展计划和目标的制订与落实；学校财政和资源的自主筹措、运作和分配；办学质量的控制；体制的创新与发展；公共关系的开拓与发展；教职员工与学生的沟通；围绕办学工作的管理与服务等重大问题等。革除高校内部的种种不适应症，建立起自我发展、自我约束、精简高效的内部运行机制是建立现代大学制度的微观基础，也是内部管理体制改革的目标。这是来自高校内部的直接动因。

大学作为学术性的文化机构，具有组织的一般特点，又在管理制度和管理模式上有其鲜明而复杂的特征。由于学术活动的"自然模糊性"特点，大学的组织目标很难设定得具

体、明确。大学也很难像一般社会组织一样严格按照理性管理原则去实现效率的最大化。这种模糊特征决定了大学的管理是追求建立一个有效率的、灵活的创新型管理制度和运行机制。这种模糊特征也表明做好大学的管理工作是相当有难度的。作为规模庞大、职能众多的知识型组织，大学的事务正变得越来越复杂。现代信息技术的发展，又极大地改变了学校管理的职能和模式。大学的管理职能已经由"传统性学术田园的守望者"转变为"创新性企业型大学的开拓者"，管理在大学的生存与发展中的作用越来越重要。加强管理，向管理要效率、要质量、要效益是高校生存发展的根本大计。

三、高校行政改革的因素分析

（一）高校外部行政管理体制改革因素分析

国家政治体制和行政体制改革的深入推进和发展，对高等教育行政管理体制改革提出了客观要求。我国政治体制改革本质上是我国社会主义政治制度的自我完善和发展。我国政治体制和行政体制改革的内容主要表现为：完善党的领导机制，实行党政分开，促进党的领导与行政管理的协调统一；强调行政管理权力要进一步下放到地方政府，加强地方政府在区域社会发展与经济建设过程中的主体作用；解决行政效率低下的问题，消除臃肿的机构设置，精简各级行政机构，增强行政效率。通过这些方面的改革，促进社会主义物质文明和精神文明建设，扩大社会主义民主，巩固人民民主专政，维护安定团结的政治局面。社会主义政治体制和行政体制的发展变化是我国高等教育管理体制和运行机制改革最为深刻的社会动因，为我国高等教育的体制改革和高等教育行政管理职能的转换创造了有利的条件。

市场经济体制的深入发展和不断完善要求高等教育管理体制应进行相应的改革和调整。在社会主义市场经济体制下，多种经济成分并存和发展，正冲击着学校办学主体的单一化格局及相应的管理模式。经济主体的多元化，排斥着高度集中的教育决策行为，要求决策主体在决策权上明确划分。随着包括劳动力市场、资金市场、信息市场等在内的市场体系的健全，市场的多变性、竞争性、开放性及信息网络性的特点，日益要求学校面向社会独立自主办学，要求教育行政部门的宏观调控要有合理的依据。

通过近些年的调整、合并，高等学校规模不断扩大，对管理提出了更高的要求。众所周知，管理不是无限的管理，它的作用对象总是有限的，总有一定的范围，管理对象如果超出了这个范围，就会对管理的效益和效率产生影响，造成管理的低效益、低效率，甚至造成管理混乱、无序、无效。目前，高校的数量庞大、规模庞大，再加上老体制的遗留问题，使得高校管理事务庞杂，而市场经济对高校的影响越来越大，高校的招生、就业、后勤社会化、人事制度改革、融资渠道变化等，越来越受到市场、社会的影响，政府对此管理起来变得越来越力不从心，不能灵敏地把握市场对高等学校的新需求，也不能完全满足高校的发展需求。因此，必须及时地对传统的行政管理体制进行改革和创新。

（二）高校内部行政管理体制改革因素分析

1. 提高高校管理效率和效益的需要

目前我国高等教育行政管理体制缺乏科学性、民主性，对办学效率和效益缺乏一套科学的评价、激励、监督和约束机制，仍然习惯于计划经济条件下的思维模式，政治思想比较突出，习惯于以社会效益为借口掩盖投入产出之间的矛盾和弊端，忽视资金的使用效率。在项目建设投入上，重视项目的审批，缺乏相应的科学、民主的决策体制；轻视项目建设的过程管理和结果管理，在许多项目建设上造成了低效益，浪费了资源，加大了成本。这些都要求理顺行政管理体制，改革与现实状况不相适应的管理制度和办法，从而提高办学效益，更好地为社会发展提供更多的人力资源和知识支撑。

2. 高校发展的内在需要

中国的高等教育正处在重要的转型期。这种转型既是适应国内经济、社会发展的需要，又是中国高等教育本身的一种创新；既是高等教育外部关系的一次调整，又是高等教育内部的一次改革。在新形势下，一些传统因素束缚了高校的深入发展，如办学体制问题、投融资问题、人事管理问题、分配制度问题、保障制度问题等，如何面对新的机遇和挑战，在管理办法上有所创新和突破，是所有高校都在深思和必须回答的重大问题。高校要发展、要壮大，就必须大胆突破传统的管理理念和制度，积极学习借鉴和创新性地吸收发达国家的高校管理经验和做法，对不合时宜的管理制度进行大胆的改革和创新，积极探索一些适合自身发展的新机制、新措施，不断推进学校健康发展。

3. 稳定教师队伍，提高教师素质的需要

学校要建成一流大学，必须有一流的师资队伍。基于这样一种逻辑，学校当然要首先建设师资队伍。这也是当前许多高校进行校内管理制度改革的基本逻辑起点。

要建设一流的大学，不仅要有一流的师资队伍，还要有一流的管理。如果仅仅有一流的师资，而管理落后，必然产生管理的低效能，直接影响并限制教师才能的发挥，最终也难以拥有一流的师资队伍。当前，一些高校的教训就深刻说明了这一点，这也是一些人在一个单位体现不出自身的价值，而到了另一个单位却成为座上宾，一些人才在国内才能得不到发挥，一旦到了国外，才能便得到充分发挥的原因所在。

因此，从某种意义上讲，学校的管理至关重要。基于此，要建设一流的大学，拥有一流的师资，必须建设一流的管理，使管理真正为教学、科研服务，为教学、科研保驾护航，使教师科研人员真正对学校产生归属感，安心进行教学和科研，从而为学校的发展奠定基础。

4. 遵循教育规律，还权学术的需要

高校是一种社会机构，任何机构的运行都需要一定的权力资源作为支撑，并按照一定的规则来进行管理。但高校与一般社会机构的不同之处在于，它是学术性的组织，教学、科研工作是中心工作，其管理也必须按照学术性组织的特点与规律来运作。具体来说，高校必须按照教育规律来培养人才，按照科研规律来开展科研工作，在社会服务方面也必须遵循教育和知识的价值规律。这就要求从事学术研究的人必须具有相应的学术权力，在相应的决策活动中具有相应的决策权，而管理是为其服务的。但实际操作中却反过来，管理部门权力过大。自改革开放以来，学术权力开始受到关注。一些学校先后组建了学术委员会等机构，但是学术权力仍然非常有限，是在行政权力之下，执行有限的学术权力。比如，大学教师的职称评审工作、评审条例等都由行政部门制定，评审委员会也由行政管理部门组成，评审委员会上面还有由学校党委书记、校长、人事处长等人组成的评审领导小组。学术委员会通过的事情，行政部门不一定批准，而学术委员会通不过的，却可以通过行政审批。评审机构通过向各评审单位下指标、定标准，严格控制评审活动的开展，导致评审工作就是不断地填表和发表文章，以致有人戏称大学教师为"填表教授""填表专家"。

更可怕的是，由于这样的制度安排直接决定一个人的命运，我国许多高校的学术评价机制扭曲，学术行政化，直接影响了教师的工作积极性和有价值的学术成果的产生。因此，在当前形势下，必须改革不合理的行政权力和学术权力配置模式，还权于学术，给予学术相应的独立的发展空间，发挥教师开展教学、科研的积极性和创造性，使他们将主要精力和黄金时间用在教学、科研上，以产生更多的教学、科研成果，服务社会。

四、高校行政改革的目标与方向

加速推进和全面深化我国现行的高校管理体制改革，既是当前我们所面临的一件十分重要且紧迫的任务，又是一项异常复杂和艰巨的工作。我国现行的高校管理体制与我们所设计和选择的改革目标模式之间，还存在着相当大的距离。深化我国高校管理体制改革的目的在于更好地适应正在不断变革的社会经济环境。同时，也只有不断地改变各种相关的社会经济条件和环境，才能进一步深化高校管理体制改革。从当前我国各项改革的实际进程和状况来看，在实现新旧体制转轨转型的过程中，我们依然面临着一系列的改革难题和障碍，只有排除这些改革障碍，解决这些难题，才能实现既定的改革目标。

（一）高校行政改革的目标

1. 切实实行党政分开，明确各自职责，加快学校领导干部的任命机制改革

改革高校领导单一的委任制，全面实行聘任制，实行任期制。改革是基于这样一个事实，即学校不是一级政府，学校领导不是官，学校的运作必须遵循教育教学规律，不同于政府的运作逻辑和运作轨迹。如果把行政委任制照搬到学校，走行政逻辑之路，很容易冲击学校正常的教育教学规律，挫伤教职员工的积极性。从某种意义上讲，一个校长就是一所学校的代表，一所好的学校，必须有好的校长。好的校长不是上级政府委任出来的。

2. 理顺学校内部学术权力与行政权力的关系

淡化行政级别观念，重视学术权力。建立教授委员会等组织，广泛吸收学术人士参与决策和管理，充分发挥高等学校的学术权力在决策管理中的作用。学术权力和行政权力在高校中都有其存在的必要性和局限性，两种权力不能互相替代，或以一种权力掩盖另一种权力。但从我国目前的高校现状来看，学术权力应处于主导地位。这不仅是因为在现行的高校结构中，行政权力居于主导地位，甚至还有掩盖学术权力的趋向，更重要的是，高校的教学、科研和社会服务，都是具有独立性和创造性特点的知识活动，并且基本上是以学科为基地展开的，只有从事这些活动的专家对于这些事物才有最权威的发言权。当然，提倡以学术权力为主导并不是抹杀行政权力的作用，两者的有效整合是处理权力结构的关键。

3. 转变管理理念，树立经营学校的理念

一切改革，必须观念先行，没有观念的转变，就不可能有行动的解放。在社会大转型和大变革的时代，高校必须及时调整自己的办学理念和管理理念，积极吸收借鉴先进经验，创新自己的管理思想。高校不再是封闭的象牙塔，与社会日渐紧密地联系使得高校社会化的进程加快。高校投融资体制的转变，社会化办学的冲击，高等教育产业的日渐深入发展，都迫切需要高校遵循教育发展规律和市场发展规律，以经营学校的理念来指导学校的管理工作，不断增强自己的办学实力，从而更好地为教学、科研服务。

4. 加快高校管理职能调整和机构改革进程

以前高校的管理主要是一种行政管理，是一种大管理和单一管理，管高校所有师生员工的吃喝拉撒睡，事无巨细。在知识经济时代，知识已经不再是间接地影响经济，而是直接参与经济活动，已经成为经济生活的一部分，知识的作用不仅可以通过掌握知识的劳动者体现出来，还可以直接变成财富，即实现知识的物化，一些国家机关、企业、团体等在高校建立研究中心，不少高校也相继创立和发展科技园，这导致高校的管理对象复杂化、管理内容多样化、管理需求多元化。在这样的新情况面前，高校要及时调整自己的管理职能，明确哪些是自己必须管的、哪些是不必管的、哪些是可以委托管理的，从而把主要精力放在学校的发展大局上，并根据自己职能的变化，适时进行相应的管理机构改革，提高管理效益和效率。

5. 加强高校人事分配制度改革

现在都讲核心竞争力，核心、竞争力这两个概念来自最新的企业管理理念，企业的竞争不仅是产品的竞争，还表现为企业群体内部群体创新能力的竞争，是人才的竞争。大学的核心竞争力在于师资，而管理，则可以充分释放师资的潜能。传统的人事分配制度平均主义严重，大锅饭倾向突出，不利于人才才能的发挥。要通过人事分配制度改革，引进竞争机制，实现人才的合理分流与利益的合理分配，提高教职员工待遇。充分调动广大教职员工的积极性，使其充分发挥他们的聪明才智，形成强大的学校竞争力。在改革中，改变以前认为的人事制度改革就是让人下岗、分流的简单做法，要结合中国的实际和中国高校的特殊情况和特殊地位，实行科学、合理的改革方法，可以减员增效，也可以增员增效，不能把一切负担推向社会。

总之，人事分配制度改革是我国高等教育行政管理体制改革过程中所面临的又一个重大难题，它必然会遇到较大的阻力，需要我们在制定政策的过程中，走科学化、民主化、理论联系实际之路，积极、稳妥、有序地推进改革。

6. 建立和完善高校保障制度

根据我们所选择的高等教育行政管理体制改革的目标模式，必然要实行机构的大调整、大转向和大裁员。除了极少数机构与人员应还政于政之外，其他大量的人员应分流；在实现政校分开、校企分开之后，事业人员分流到企业，这也就意味着个人身份的转变及相应待遇的改变。显然，传统观念与既得利益等因素，无疑将成为实现机构调整和人员分流的严重障碍。因此，必须加速我国现行的干部人事制度、住宅制度、户籍管理制度及其他相关的配套制度改革，尤其是要加速建立和完善新的社会保障制度，这是实现高校人员分流的基本保证。我国现行的社会保障制度是适应计划经济体制要求建立起来的，带有供给制的色彩，覆盖面窄，社会化程度低，保障功能差，管理体制混乱。就高校来说，基本上完全与行政单位一样，由人事部门履行养老保险职能，由卫生部门履行医疗保险职能，所有这些保险制度实际上是通过有关人员所在的单位来实现的，造成了事实上的单位保险制。在这种传统的社会保障制度下，一个人一旦离开了所在"单位"，就会失去相应的社会保险待遇，这无疑是实现高校人员分流的一大主要障碍。笔者认为，在进一步深化事业体制改革的过程中，可以采取一种新的改革思路，即根据中国干部人事制度的实际情况，在承认和保留现有事业单位人员身份及相应待遇的基础上，先将用于社会保险的经费单列出来，并设立相应的社会保障机构负责集中管理，将其与原来的事业单位的其他经费脱钩，逐步剥离事业单位的社会保障功能，逐步实现社会保障的社会化。这样既可以有效地减轻事业单位的沉重负担，也可以改变社会保障单位化、部门化的严重弊端。从长远看，分离公共事业经费预算与社会保障经费预算，建立现代化和多元化的社会保障体系，是建立社会主义市场经济体制的一项基本内容。

7. 建立完善高校内部评价体系和考核制度

目前，高校内部的管理评价考核体系（包括干部评价体系、员工评价体系、学术评价体系等）比较僵化和落后，对人才的成长发展产生了一些误导和不良影响。目前，中国科学院正在试行职称评定改革，在社会上引起了很大反响，政府机关也在试行一些新的考核制度和办法，如问责制的建立和落实。高校要在这样一种大背景下，积极思索和创新自己的评价考核体系，主动迎接已经到来和即将到来的挑战，大力改革高等学校的教师评定考核与奖惩制度，使之能有效地调动教职员工工作的积极性，在高校形成一种良性的运行规律，促进高校整体发展。

8. 加快高校管理方式和管理手段的转变

在高校管理对象复杂化、管理内容多样化、管理需求多元化的今天，高校要积极创新传统管理模式，引入市场管理理念和手段。要加强自身与社会的联系，尽快建立与完善高等学校与社会相互合作的有效机制。完善中介组织，发挥中介组织的作用。在当今社会中，必须依靠各种中介组织的各种功能，如桥梁作用、缓冲作用、服务作用、监督作用、资源配置作用来降低交易成本。

9. 完善高等学校内部的各项规章制度和加强组织建设

制定完善大学章程，组建教代会、工代会、教授委员会等学术组织和职工权益组织，并切实赋予相应职权，让其充分发挥作用，在重大问题上能够起决定作用。高校要加强对各系统及各组织行为的有效规范，特别是在自主权不断扩大的过程中，需要尽快建立完善的自我约束机制，在政府的宏观管理下，自身能够实现有效的管理和运行，保证各项职能充分协调地发挥。在建立相应约束机制后，规范比较健全的情况下，一些管理领域可逐步向管理工作专业化、职业化方向发展，如后勤服务工作、学生管理工作、科技服务工作等。

（二）高校行政改革的方向

1. 借助宏观调控推动高校自主办学

国家在这方面也做出了许多大胆的尝试，比如，政府批准企业能够和高校一起联合办学；政府还扩大了高校自主办学的权利等。虽然高校的自主性和能力在不断地得到开发，但是有很多事情是学校控制不好的，这时就需要政府进行辅助帮忙。学校和政府之间要不断地协调和磨合，逐渐明确各自的职权范围，明确政府和高等院校之间的关系，高校要借助政府宏观调控的力量，推动自主办学能力的提高。

2. 破除不正之风，营造浓厚的学术氛围

只有淡化高校内部的官僚之风，增强和加大对学术的重视程度和投入力度，才能够促使学者投身于学术的研究和人才的培养之中，完成高校的任务。

高校行政管理人员需要改变工作理念，认清自己所在职位的职务究竟是什么，自己需要做什么工作，理解高等教育的宗旨和目的是什么，而不是浑浑噩噩，以为自己在行政管理的位置，就可以依靠这个职位随便行事，为自己谋取利益。

除此之外，要有相对应的法律和制度规范，对领导机制以及行政管理体制的实行、行政管理人员的管理工作进行监督，以保证行政管理工作的正常运行，避免行政管理工作中对权力的滥用。

最重要的就是加大和增强对学术的投入力度和重视程度，把学术权力放在中心位置，引导资深的学者参与学校的行政管理，实现重视学术的良性循环。

3. 配套相关制度，推动管理体制改革

高等教育行政管理体制的改革，只有放在良好的社会环境下才能够正常地进行并取得成果，如果没有良好的改革环境，就会使行政管理体制改革的难度加大，改革受阻。

因此，首先必须做到国家法律法规的大力支持，从国家的角度为高等教育行政管理体制的改革提供支持，在国家的范围内为改革提供保障；除此之外，在高校内部，也要根据国家的要求，结合本院校的实际情况，建立合理的行政管理体制，以及与之配套的监督机制、奖惩机制和检查机制，实现高校内部规定与国家法律制度的一致。

五、高校行政改革的意义与措施

（一）高校行政改革的意义

1. 适应新的社会形势的需要

作为知识创新和高层次人才培养的重要基地，高校的社会地位在不断提升，社会影响力在不断扩大。高等教育事业迅猛发展，高校间的竞争也就随之异常激烈，在我国持续发展的今天，面对新的形势和要求，管理的改革和创新已经被各大高校提上日程，而行政管理作为配置高校教学资源、人力资源等诸多有形、无形资源的核心，其改革和创新更是极为重要。高校只有切实转变观念，更新手段，不断推进行政管理体制的改革和创新，才能适应新的社会形势，才能满足新时期发展的需要。

2. 保证高校的改革发展顺利进行的需要

高等教育行政管理体制对高校的改革发展具有保障、协调、参谋、激励等作用。高校日常运转的方方面面，若是出现纰漏，很有可能关系到高校的全局工作，影响高校的改革发展。行政管理的作用就是通过服务，处理好不同部门之间的关系，通过建立完善的监督检查机制，针对不同部门和个人制定不同的督办要求，督促高校内部各个部门认真、及时完成任务，并积极向有关部门提出发展意见，促进高校各项工作的顺利进行。

3. 高等教育改革深入的必然要求

高等教育改革的深入也带来了不少新问题，行政管理作为高校建设的软环境，必须担负起其对教育改革顺利完成的一份责任。高校基础设施建设、师资建设、学科建设、教学改革、人才培养等各个方面，怎样扬长避短，发挥优势，是高校行政管理需要把握的方向性问题。高校若要提高办学效益，就要加强行政管理，对管理理念、技能和手段等均进行创新，实施科学的管理。

4. 高校正常运转的需要

虽然相对于高校教育、科研活动而言，行政管理工作在高校中是辅助性的工作，但却是不可或缺的一部分。高校行政管理主要是协调学校的行政管理领导、具体的执行人员与高校教师及学生之间的关系，高校行政管理部门服务于教学、科研等基本工作，与高校的学术管理相辅相成，共同构成高校的内部事务。同时，高校行政管理部门还是社会各界认识高校、了解高校的重要渠道。

（二）高校行政改革的措施

1. 协调行政管理与学术管理的关系

行政管理和学术管理交织构成大学独有的管理结构，共同为大学目标的实现而服务。正是由于两个系统协调互动的需要，对二者的关系进行有针对性的协调就显得尤为重要，可以保证问题得到建设性的解决，提高决策的科学性、合理性，防止资源浪费、学校偏离发展目标。要协调好二者之间的关系，就必须从管理体制、组织机构设置以及制度建设着手：设置相应的机构，制定必要的工作程序，将集体管理与个人负责结合起来，依靠体制和制度使学术管理和行政管理规范化；对经费使用决策权等权限进行严格规定和划分，提高高校中专家、学者等在学术管理中的地位，防止管理中心向行政系统偏移等现象的发生；通过审议、咨询、联席会议等方式协调两种管理之间的冲突，保证高校内部学术管理与行政管理的目标与学校的整体目标相一致；充分发挥教师在两种管理中的作用，在对教学计划、课程设置、授课内容等的安排上，教师应有自主权，在决定学科发展与走向等事务上也应占有一席之地。

2. 倡导柔性化行政管理

将柔性管理理论应用于高校行政管理，不仅能调动相关人员的积极性、主动性，还能加强行政管理者与学术人员之间的沟通与交流，促进学校管理目标的实现。倡导柔性化行政管理，第一，要树立民主的管理理念，增强师生的民主参与意识，建立并完善师生参与学校管理的各种决策和咨询机构，培养广大师生的主人翁意识和责任感，注重对人的情感感化，发挥柔性管理对内心的激励作用，促进和谐校园的建设。第二，要时刻关注广大师生的情感需求，保证情感的凝聚作用能够发挥得淋漓尽致。柔性管理以人为中心，以尊重、理解人为前提，以被管理者能够在融洽的氛围中主动学习、工作为宗旨。高校行政管理若是能够拥有这样的爱人之心，就一定能形成强大的亲和力和凝聚力。第三，加强各部门、人员之间的沟通与协作，形成向心力，消除人心涣散和人情匮乏的现象，保证高校的整体运行处在一个良好的人际关系基础之上。

3. 构建"服务型行政模式",倡导"以人为本"

目前,越来越多的行政学者和专家认识到,在我国高等院校及党政机关内构建"服务型行政模式"是非常必要的。这就要求高校行政管理人员不仅要有较高的科学文化水平和丰富的行政管理经验,还要有较好的思想道德品质,只有这样,行政管理人员在工作中才能时刻贯彻为人民服务的宗旨,才能将学生、职工和教师的利益放在首位,才能将高校行政管理工作不断地推向新的高度。

4. 坚持科学的领导体制,规范使用行政权力

为了加强行政管理的服务职能,就必须坚持"党委领导下校长负责制"的高校领导体制。在高校内部系统中,党委领导是高校的核心,党委工作是高校全局工作的中心,只有校长切实执行党委的决定,全校的工作才能开展,高校的发展方向才能坚持。另外,需要建立和健全各项规章制度,以规章制度为高校行政管理的依据和准绳,促进管理人员依章履行职责,保证高校工作的顺利开展。

5. 优化管理方式,确保工作效率

就目前来看,我国高校行政管理工作在体制上与社会环境、教育环境产生了很大的脱节,并且不适应当前社会的发展要求,所以转变和完善我国高校行政管理方式和理念已经刻不容缓。对高校的行政管理人员来讲,更多地关注办学后产生的社会效果,应将之前的以传统办学条件为主的观念转变为以社会效果为主的观念。高校的行政管理工作,不能只注重表面的教学管理,还应该更加注重教学管理质量,要不断地摒弃旧的思想观念,尽快找到新的管理定位。与此同时,高校要引进内部竞争机制,不断地优胜劣汰,根据不同的岗位来对工作人员进行考评,并采取优劳优酬的方式分配薪水和奖励,以达到优化管理方式、确保工作效率的目的。具体操作措施如下:

(1) 建立考评体系,强化管理职责

在高校的行政管理工作中,考核作为一个重要的管理机制,它是检验工作成果的重要手段。要想提高考核的质量,就要因地制宜地制定一个较为完善和全面的考核机制。各高校内部还要为考核评价的体系,创造一个公平、公正和公开的实行环境,这样才能使工作人员心服口服,也能为高校培养大量在行政管理方面的人才。为了提升高校的整体实力,

高校应在各部门积极配合的情况下，合理地合并或者撤销部分重复的部门，实现人员的优化配置。

（2）科学规划岗位，完善晋升制度

各高校在设置行政管理岗位时，首先要考虑部门的职能和工作的简易程度。此外，就是要考虑岗位与晋升的关系。高校的行政管理人员，在晋升的面前，能够更好地为高校服务，发挥其主观能动性和创造性，想方设法提高自己的综合素质。只要认真地搞好岗位与晋升的关系，就可以稳定行政管理队伍，促进科学管理的快速发展。各高校还应该对相应的行政岗位进行监管，以一个明确的评判标准来对各岗位进行评判或赏罚。而这些评判的标准应该包含以下几个要素：工作目标、工作职责、工作特点、任职资格、工作权限、责任风险和核心技能等。

（3）引进激励机制，努力实现各阶层发展机会的平等

就目前高校的现状而言，可以将高校教育行政管理体制分为两种类型，即静态型与动态型。静态型管理机制是相同的奖赏和惩罚同时运用到高校不同阶层的行政管理部门中去。而所谓的动态管理机制，就是按照一定的评判标准，对高校行政管理人员进行评判，评判标准包括工作成绩和工作效果。从定义可以看出，动态型的管理机制，能够使高校的行政管理人员的需求得到满足，还能够激发他们的主动性和创造性。各个地方的高等院校都已经采用了动态的管理机制。

为了有效地保障这种动态型的管理机制，就需要量化指标，还需要有一个较好的操作环境，来对高校的行政管理人员进行具体的评判。以上几点还不够，还需要为他们确立一个定性指标，把目标考核与组织评议放在一起进行评判，评判的时候需要考虑全面，要考虑高校行政管理人员的岗位职责和多劳多酬和优劳优酬。运行这样的岗位激励机制，才能使高校行政管理人员中的高水平人才凸显出来。对于那些没有业绩或业绩不好的，应该给予批评和惩罚，而对于那些在行政管理岗位上长时间业绩不好或业绩不明显的人应该将其淘汰，只有这样才能最大限度地优化组织结构。

6. 提高高校行政管理人员的素养

要进一步加强管理队伍的专业化建设，提升管理人员的素养。高校可以通过统一的院

校知识培训，使行政管理人员具有一定的风险预见能力、应变能力、信息收集处理能力。另外，还可以建立行政管理人员与院校研究人员的经常性交流机制，采取论坛、讲座等方式，确保每一次交流有深度、有目标、有方向。高校在决策过程中，要吸纳引院校优秀研究人才参加讨论，重视他们的观点和有关设计，同时努力引导行政管理人员掌握新的服务技术，以新思路、新举措创造性地完成高校行政管理体制改革的任务。

7.创新高校行政管理技术手段

技术创新既可以加快信息传递速度，简化管理程序，缩短管理流程，提高管理效率，又可以降低信息失真的风险，增强信息的真实性、可靠性。先进的信息技术与高校行政管理的有机结合，会使行政管理方式和思维方式都有所改变，既能为高校带来直接的经济效益，又能增强高校的社会竞争力。高校需要通过建立各种实用数据库，提高信息的共享性、流通性，为行政管理工作提供一个科学开放的信息平台。

总之，高等教育行政管理体制的改革与创新并不是一朝一夕就能完成的，它是一项复杂且艰巨的任务。因此，推行行政管理体制的改革与创新，必须树立正确的工作目标，并长期坚持，不断思考研究，深入实践，只有这样才能科学有效地搞好高校的行政管理工作，推动我国高等教育事业的蓬勃发展。

第二节 高校行政改革的动力

高等教育行政管理体制改革的动力，大体包括外部动力和内部动力两个方面。

一、高等教育行政管理体制改革的外部动力

（一）经济体制与政治体制改革的推动

教育是教育者根据一定社会或阶级的要求，对受教育者实施的有目的、有计划、有组织的培养人的社会实践活动。教育本身因其任务的特殊性而具有一定的独立性，具体表现在以下几个方面：第一，教育与社会的政治与经济的发展存在着不平衡性，或者滞后于社

会的政治与经济，或者超前于社会的政治与经济。第二，教育对社会具有积极的反作用。第三，教育作为一个独立的活动形式，与其他意识形态有着相互影响的关系。教育以其培养人的独特使命而有别于其他意识形态。但是，教育思想、教育内容、教育方法却时刻摆脱不掉其他意识形态的影响；同时，教育也以其自身的独特性对其他意识形态产生积极作用，进而促进政治、哲学、伦理、科学、艺术、文学等意识形态的发展与进步。第四，教育具有自身发展的历史继承性。教育始终是在继承前人优秀文化成果的基础上不断发展和进步的。由此可见，教育具有一定的个性和独立性。但是，教育的这种独立性是相对的，社会的政治与经济对教育的决定作用却是绝对的。这是因为，社会的政治与经济不仅决定了教育的领导体制、培养目标，还规定了教育的内容。

改革理论表明，社会的变革必然引发教育的变革。马克思、恩格斯的经典论述充分体现了这一点："物质生活的生产方式制约着整个社会生活、政治生活和精神生活的过程。""随着经济基础的变更，全部庞大的上层建筑也或慢或快地发生变革。"这些论断揭示了社会发展变化的客观规律，教育也不例外，必须遵循这一规律。由此可见，教育变革具有客观必然性，必然随着社会关系即物质关系和思想关系的变化而变化。然而，教育变革又不是孤立进行的，它是与政治经济的变革相伴而生的。我国"教育体制改革的根本目的是提高民族素质，多出人才，出好人才"。教育改革的主要内容包括教育思想的改革、教育体制的改革、教育内容与方法手段的改革等，其中教育体制改革是重点内容。

我们不难发现，经济体制与政治体制的改革必然会影响并决定着教育体制的改革。伴随着中国社会主义市场经济体制的形成与发展以及政治体制的改革，政府的职能和作用正在重新定位。这也引发了教育体制特别是教育管理体制前所未有的变革。在培养高精尖人才的高等教育领域更是发生了一系列重大变革。高等教育管理体制的变革是多方面的，具体表现为行政体制、办学体制、投资体制、招生体制、就业体制、内部管理体制等方面的变革。其中一个重要的方面就是高等教育行政管理体制的变革。在高等教育管理体制变革的诸方面中，高等教育行政管理体制变革的意义更为重大。它关涉政府职能转变、中央政府与地方政府的关系、政府与大学的关系等问题。

（二）国外高等教育行政管理体制改革的影响

1. 正确定位，整体优化

正确定位，整体优化是国外高校进行行政管理体制改革的主要手段。正确定位是高等教育行政管理体制改革取得成功的前提。我国高校受历史发展的影响，基本上形成了由中央与省级人民政府分别主管的部属院校和省属院校两种类型；由于发展水平与学科门类各异，又形成了研究型大学、研究教学型大学和教学型大学三种类型。正是由于存在管理体制上与学术水平上的差异，实行分级、分类发展战略就显得十分必要。因此，明确各类学校的发展战略定位至关重要。正确定位包含了两个方面含义：一是要充分认识高等教育管理体制改革对整个高等教育改革与发展的意义；二是要改变就事论事的错误观念，将高等教育行政管理体制改革，同当代我国社会的变革与发展的大环境联系起来。整体优化是高等教育行政管理体制改革所必须遵循的基本原则。我国高等教育行政管理体制改革，必须将各级各类高等教育行政管理系统视为一个有机的整体，积极建立适合市场经济环境、有利于高等教育发展的新型行政管理制度和运行机制。

2. 协调政府与大学的关系

协调政府与大学的关系应作为高等教育行政管理体制改革的主要内容。政府与大学的关系是划分高等教育行政管理体制类型的主要依据，调整两者关系是目前国外高等教育行政管理体制改革的基本内容之一。目前我国正在着力扩大高校办学自主权。高校办学自主权是指高等学校在国家法律允许的范围内，依法自主决定学校各个方面的事务，实际上这也给高校指定了一个严格的活动范围。但从国外的相关经验来看，协调政府与大学的关系，必须关注以下三个问题：一是在政府与大学之间建立缓冲地带，扩大双方活动的余地，使双方都能发挥各自的优势；二是改变政府教育行政部门的职能，从直接管理变为引导、帮助、协调和监督，在有限度的前提下发展大学的自主性和责任性；三是完善政府调控的方式，充分利用行政命令以外的各种方式协调高等教育的发展。

3. 加强立法，责权明确

法制建设是高等教育行政管理体制改革的工作重点。无论实施何种高等教育行政管理模式与体制，大多数国家均强调严格依法治教，使高等教育行政管理规范化。如：在日本，高等教育立法数量多，内容全面具体，因此，争议不多，易于执行；在法国，高等教育立法全面，且是全国各地各校都必须执行的，因此，全国性的主张和要求便于推行；美国更是注重通过立法手段对高等教育进行宏观调控。借鉴发达国家的经验，我国的高等教育法制建设首先应该加强高等教育的立法工作，颁发落实高等教育法规条例，进一步明确各类高校与各级政府的关系，扫除一切影响高校快速发展的体制性障碍，并建立高校接受社会监督和有效自律的机制；其次，要提高高等教育执法力度，同时也要加强高校优秀管理团队的建设，逐渐形成一支优秀的、职业化的管理队伍，以此促进高校战略目标的实现。最后，要加强普法宣传，增强教育工作者和其他公民的法律意识，使高等教育法制建设真正落到实处。

纵观世界各国对高等教育行政管理体制所实施的改革和探索，基本上是沿着"崇尚民主—追求科学—合理分权—实现专业化"的轨迹和方向进行的，目的在于寻求适合本国国情的高等教育行政管理体制，以推动本国高等教育事业的改革和发展。上述分析使我们认识到，国外高等教育行政管理体制改革，为我国高等教育行政管理体制改革提供了有益的经验，并成为我国高等教育行政管理体制改革的重要外部动因之一。

二、高等教育行政管理体制改革的内部动力

（一）根除传统的高等教育行政管理体制之流弊的需要

传统的高等教育行政管理体制的流弊重重，主要表现在以下几方面：第一，中央主管部门的权力过分集中，统得过死，这既使得高等学校缺乏办学自主权，无法主动适应经济建设和社会发展的需要，又不利于充分发挥地方办学的积极性；第二，单一的国家举办体制包得过多，国家难以提供高等教育发展所需要的全部经费，又不能发挥社会各个方面投资办学的积极性，严重影响了高等教育的进一步发展；第三，中央各业务部门分别直接管理大批高等学校，致使学校各部门自成体系，单科性院校过多，办学效益差，办学结构不合理。虽然政府自1992年开始着手实施高等教育行政管理体制的改革，但是体制的许多弊端仍未彻底根除，有待于深入消解。

（二）遵循高等教育自身发展规律的客观要求

进行高等教育行政管理体制改革，也是高等学校的办学任务和办学规律所提出的要求。高等学校服务于经济建设这个中心任务，主要是通过培养专门人才和开展科学研究来实现的。高等学校的教学和科学研究，专业性、学术性很强，有其自身的规律和特点，只有教师和研究人员最清楚该如何办，如何才能取得最好的效果和价值。赋予高等学校办学自主权，有利于教师和研究人员按照高等教育自身的规律和特点办事。由此可见，高等学校有自身的相对独立性，政府在对高等教育行使管理权时，应该尊重高等教育的发展规律，努力营造良好的制度环境，进而实现对高等教育的宏观调控。

（三）提高我国高等教育竞争力的需要

当今世界各国竞争的实质是，以经济和科技为基础的综合国力的较量。

科技是第一生产力，经济发展关键靠科技，而科技开发与应用则需要大批优秀的专门人才，人才的培养必然离不开教育。所以，一个国家经济和科技实力的高低，很大程度上依赖于教育水平的高低，特别是高等教育在其中起着举足轻重的作用。而且，21世纪的人类社会已迈入"知识经济"时代，一国的发展更加依赖于大量优秀的人才，人才培养与储备已经成为国家的战略问题。这也要求一个国家必须有高质量的教育，特别是能在国际上领先的高等教育。我国多年来推行的高等教育行政管理体制，显然已经难以应对国际竞争的需要。

（四）高等学校内部管理体制改革的推动

为适应市场经济的要求，自20世纪80年代中期开始，我国对高等教育体制进行了改革，目前已经取得了历史性的进展，为高等教育主动适应经济和社会的发展创造了条件。然而，在充分肯定高等教育体制改革取得巨大成绩的同时，还应当看到，与我国社会的经济体制改革相比，高等教育体制改革的步伐还比较缓慢，高等教育市场还存在很多问题，特别是关涉高等教育行政管理体制的改革举步维艰。究其原因，一方面是高等教育行政管理体制改革牵涉中央和地方的职责分工，关涉高等教育的结构布局；另一方面是改革涉及中央政府、地方政府、大学的权力分配以及权限范围等重大问题。

第三节 高校行政改革的行政立法与执行机制

所谓立法，就是依据一定职权和程序，运用一定技术进行法的制定、修改、补充和废止的活动。高等教育立法就是指国家权力机关依照法律程序制定有关高等教育法律的活动。高等教育法规是教育法规的一个组成部分，它同其他领域（部门）的法规一起，构成了国家法规体系。

一、高等教育立法和法规修订过程中的价值取向

行政与行政法的目的不仅是不同的，有时还可能是相互冲突的。

第一，在我国高等教育的立法过程中，我们应该明确规定高等教育关系中不同主体的职责、权利和义务。高等教育系统内部包括高等教育行政管理者、高等教育机构举办者、教育机构、教育者和受教育者五大主体。在高等教育立法中应明确上述不同主体的权利、义务及活动方式，明确划分中央政府与地方政府在实施高等教育管理中的职权、权限范围。为了体现科学、民主和社会参与的原则，中央和地方两级政府及其教育行政管理部门应设立高等教育评估、审议监督机构，在高等教育机构的经费分配、招生和毕业生就业等方面发挥中介作用。

第二，高等教育法规的制定应注重实效。人们往往把侧重点放在高等教育法规内容的构建上，似乎高等教育法规内容一经确定，就意味着高等教育法规体系建立了。其实这是一种错误的认识。高等教育法规能否发挥实效还要受到外在因素的制约。因此我们在高等教育法规的制定过程中，必须同时做两个方面的思考：一方面，要与高等教育法规相适应，制定比较完善的高等教育法规执行与监督的制度、规范，使之形成一个运行体系；另一方面，强化非制度化的法律监督形式，如社会舆论、监督、举报等，使外在的强制与内在的要求结合起来，即短时效用与长时效用结合起来，这样才能使高等教育法规的执行真正落到实处。

第三，增强高等教育立法与法规修订过程的技术性。发达国家为了使高等教育法规更具权威性、科学性，日益重视立法和法规修订过程中的技术性问题，纷纷邀请法律专家和教育专家共同讨论研究高等教育立法和法规完善问题，严格规范高等教育法规的用词、逻辑及文字表达。

第四，高等教育立法应体现出意志性与高等教育客观规律性的高度统一。对于法律与规律的关系，马克思曾深刻指出："立法者应该把自己看作一个自然科学家，他不是在创造法律，不是在发明法律，而仅仅是在表述法律，他把精神关系的内在规律表现在意识的现行法律之中。"可见，教育法应当是意志化、规范化的客观教育规律，高等教育法规也不例外。但是，这绝不是说教育法规就等于教育的客观规律。规律具有不以人们的主观意志为转移的性质，意志要能正确地反映教育客观规律，要遵循教育客观规律，而不可违反教育客观规律。因而，应该把高等教育立法看作运用高等教育规律总结经验、比较各种方案、进行价值选择的一项重大而严肃的科学研究工作。

第五，把高等教育法规的相对稳定性与深化高等教育改革的导向性有机地结合起来。高等教育法规作为一种法令不能"朝令夕改"，要有相对稳定性。但我们又必须针对现阶段高等教育改革和发展中凸显的新情况、新问题采取相应措施，对其进行导向性规范，充分体现高等教育改革与高等教育立法的密切关系。西方许多国家都对重大高等教育改革方案进行立法，我国也在学习这一经验。笔者认为，高等教育行政管理体制改革应采取先立法后实施的做法。

二、制定和完善高等教育法规应遵循的程序

立法程序通常指立法机关制定、修改、废止法律的程序。任何法律都必须通过一定的程序，由一定的国家机关制定为具体的法律规范，才具有法律效力。高等教育法规也是如此。

高等教育立法的基本程序包括规划、起草、征求意见、审定、发布。规划是指高等教育立法机构根据高等教育的基本法和社会对高等教育的基本需求，编制出具有指导性的高等教育立法计划。立法部门在认真研究高等教育立法计划的必要性、可行性，明确该立法项目在法律法规中的地位后，由教育立法部门承担起草工作。如果某些重要法规的内容与

其他业务部门有密切联系，应由主管部门负责，组建由有关部门构成的起草小组。根据实践经验，高等教育立法起草工作中分析论证的环节最为重要，是高等教育法律法规等起草的关键，是保证法律法规科学性的重要环节。征求意见是法规起草的中间程序。我国目前还没有完善的征询程序和规则，在程序法中征求意见制度还没有规范化。为了使行政法规的制定能体现人民的意志，应该在立法过程中充分征求和听取人民群众的意见。法律法规起草后，政府的立法机构要对法规的必要性与可行性、法规的起草程序等进行审定。立法机关审查后，写出审查报告，交给立法机关正式会议进行讨论，或交给具有审批权的行政首长审批。过去以及现行的教育法规发布过程中还存在制定程序不规范、发布形式不统一的问题，这在一定程度上降低了法规的权威性，影响了其作用的发挥。为此，应进一步完善并统一高等教育规章和地方性高等教育法规的发布形式。

三、建立高等教育法规实施的监督机制

近些年，我国在加强高等教育立法的同时，也注重贯彻落实高等教育法规。因为立法是解决"有法可依"的问题，执法则是解决"有法必依""执法必严""违法必究"的问题。为了逐步树立"有法必依、执法必严、违法必究"的观念和制度，必须建立执法过程的监督机制。

高等教育法规的监督，是指高等教育管理机关、各级各类学校、企事业单位和个人对高等教育法规的实施和遵守状况进行监控和督促。各级高等教育管理机关、各级各类学校有权对下级机关、学校以及个人执行高等教育法规的情况实施监督，对模范守法者予以支持、奖励，对执行不力者进行批评、帮助，对违反者要严肃批评乃至给予行政处罚。各高校要总结运用法律手段管理高等教育的经验，协调解决下级组织之间在实施法规过程中出现的问题，保证高等教育法规在本地区、本单位有效地贯彻落实。

高等教育法规的监督是双向的，既需要上级机关对下级机关进行监督又需要下级机关对上级机关和本单位实施法规的情况进行监督，要欢迎群众对某些单位和个人的违法乱纪行为进行检举和控告，以克服官僚主义、本位主义和不正之风等现象。在监督中还有一种执法检查，它是管理执法机关依法对相对人是否守法的事实予以强制性了解的活动。执法

检查是执法的一部分,有一定的法律要求和规定。作为一种单方的、依照法定职权行使权力的执法行为,它的目的在于了解、查实相对人的守法(特别是依法履行义务)情况,故检查不必征得相对人同意即可强制进行,而且检查中相对人有服从和协助的义务。

四、完善我国高等教育法规应注意的主要问题

(一)科学性问题

所谓科学性是指立法过程中的理论依据和事实依据以及立法者的知识水平的渗入。纵观发达国家的高等教育立法过程,我们会发现,高等教育法规是建立在对本国教育深刻体察的基础之上的,且以法律专家、教育法律专家、高等教育专家的广泛参与为前提,他们共同斟酌法律词语,洞察高等教育现实,严肃立法程序,最终形成一个科学的方案。高等教育法规的科学性关涉其技术性和民主性的问题。科学性还关涉权威性,因为高等教育法规作为我国教育法律体系的重要组成部分,一旦被制定就具有绝对的法律效力,就将成为人们从事高等教育行为的法律依据。因而,高等教育法规的科学性越强,其权威性、可信度就越高。

反之,其权威性就会受到威胁。因而,我国高等教育法规在修订完善过程中应加强科学性、技术性、民主性,以保证其权威性。

(二)可操作性问题

高等教育法规作为高等教育的法律依据,必须具有可操作性,即可行性。

而现行的高等教育法规过于笼统,缺乏可操作性。比如,与高等教育行政管理体制改革相关的法律条文,只规定了"转变政府职能,扩大高等学校办学自主权",至于如何使政府职能得以转变,怎样扩大高等学校办学自主权,都没有详细的法律条文。另外,了解一些法律知识就会发现,高等教育法规中并未对政府的高等教育权力加以限定。这就容易造成政府权力的膨胀,也就未能真正摆脱计划体制的困扰,从而造成了高等教育实践中政府越位管理现象比比皆是。又比如,高等学校教授数量、高等学校办学规模等具体问题都由政府决定,这是不符合市场规律的,也不利于大学之间的竞争,遑论高等教育的国际竞争力了。因此,随着高等教育外部环境的不断变化,应制定一套具有可操作性、可行性的

高等教育法规体系，使我国高等教育事业真正"有法可依"。特别是与高等教育行政管理体制改革相关的部分，更需要细化和进一步研究，因为高等教育行政管理体制是高等教育的重要方面，它甚至可以对高等教育的其他方面起到导向作用。

（三）准确性问题

高等教育法规的准确性是建立在科学性与可操作性基础之上的。所谓高等教育法规的准确性，是指法律条文富于针对性和个性特征。这关涉高等教育法规的效度、信度问题。从事高等教育立法和法规修订工作的行政人员、专业人员，由于知识结构的差异，在立法意向上可能会出现这样那样的分歧。比如，法律专家与教育专家之间的分歧、行政人员与专家之间的分歧，等等。然而立法人员之间的妥协可能会导致高等教育法规失去准确性，有时甚至会动摇法律的严肃性。因此，在立法和法规修订的过程中，必须力求准确。

（四）相对稳定性问题

法律的严肃性决定了法律必须相对稳定。一般而言，法律是建立在一定的依据基础之上的，因而，其一旦确立，就应该保持稳定性，而非"朝令夕改"。但是，法律的稳定性又不是绝对的，而是相对的。随着社会条件的变化，其也必须做相应调整和修改。因而，高等教育法规并非一成不变。

第三章
高校行政运行模式改革

第一节 决策模式改革

随着大学自身的发展及其与外界关系的变化,受政治权力和社会权力的影响,大学由主要追求学术目标,逐步转向追求多种目标,主导大学决策的权力,也由单一的学术性、学科性权力,逐步转向包括学术权力、行政权力和社会权力在内的多种权力。

高等教育越卷入社会事务中,就越有必要用政治观点来看待它。就像战争的意义太重大,不能完全交给将军们决定一样,高等教育也相当重要,不能完全留给教授们决定。随着大学的发展,权力中心看来正从大学内部转到大学外部,从学术界转到公共领域,从大学历史上的特权和豁免权地位转到承担义务和责任的地位。

为适应这一变化趋势,各国大学大力改革决策模式,在加强直线式决策机构与各类决策委员会协调配合的同时,根据市场的需要,进行灵活决策。

一、学院模式

中世纪大学,除少数由学生团体管理为主外,绝大多数由教授为主体的学术人员进行管理。这种实际决策权力主要掌握在学术人员手中的决策模式,通常被称作学院模式(教授统治)或学术团体模式。

例如,在早期的巴黎大学,有关校内管理问题的全部决策,几乎都是由教授做出的。学位要求、课程、教授的任用,以及其他重要问题,也都由教授做出决定。这种决策模式具有两个方面的显著特点:

一是权力在基层。在大学或学院的基层是承担特定教学任务的事业单位和学科共同构成的矩阵，教授们所属的学科领域是其权威的最终渊源。教授在其所在的学科内专断甚至专制地工作；同时，他们又集合起来，平等地和部分平等地集体决定较大事项。

二是以分权为基础。由于大学或学院中存在着许多不同的学科，而各学科领域处于"相互割裂"的状态，因此，由来自各学科领域的教授们所进行的决策，必然是非集权的、松散的、软弱的。

由于高等教育的结构重在基层，它就特别有赖于在下层释放能量。学院模式的优势在于，其有助于调动学术人员的积极性，并使学术自由得到保障。

学院式统治虽然是教授们管理整个系或学部、学院、研究生院和大学等组织最偏爱的方式，但是，由于需要进行长时间的讨论、协商和协调，往往难以应付环境变化对及时决策的要求，从而影响办学效率。同时，由于教授们的个人独裁，容易产生决策上的自以为是，形成以学者自治为主要特征的"自我服务"和自我满足倾向，从而影响学校与社会的沟通，导致封闭与僵化。

二、行政模式

随着国家日益加强对大学的控制，大学内部逐步建立起等级制的行政管理体制。在一些国家，大学内部管理出现了明显的行政化倾向。行政管理人员在大学决策中发挥主导作用。这种实际决策权力主要掌握在行政人员手中的决策模式，通常被称作行政模式或科层制模式。在美国许多大学的管理决策中，以校长为首的行政部门具有较大的管理权。

权力结构在层次上分为联合大学（大学）、大学（分校）、学院和系四个层次。在大学层次，董事会是最高的权力机构，校长是大学的执行首脑，直接向董事会负责，负责教学的常务副校长在很大程度上承担了学校的管理工作，加州大学的管理就属于严格的等级管理。下级必须对上级负责，权力中心在上层，学术委员会等权力比较有限。行政模式的主要特点是权力集中于上层，有助于促进大学的整合，提高管理的效率，正因为如此，也往往容易造成行政部门过多干预学术事务，妨碍学术发展，并造成行政人员和学术人员的矛盾，从而在某种程度上影响学术水平的提高。

三、双重模式

从大学决策的实际看，学术人员和行政人员往往在不同管理领域，或不同管理层次分享决策权力，因此，在同一所大学里，可能出现教授统治与官僚统治并行不悖的局面。

这种教学科研人员和行政管理人员分享权力的形式，通常被称作双重模式。具体可分为两种情况：

一是在不同的管理领域分享权力。在学术领域，决策权倾向于学术人员；在其他管理领域，决策权倾向于行政人员。

二是在不同管理层次分享权力。在学院、系及其他亚层次组织，决策权倾向于学术人员。

四、市场模式

决策问题不能脱离环境的情境特征，大学管理需要处理的关键问题是如何适应环境的变化。随着社会利益的分化和各种利益主体影响的日益扩大，大学如何适应多种社会利益主体的诉求，并调整其决策模式和运行机制的问题日渐突出。

在分析部分国家高等教育系统整合过程时，提出了三种理想的权力协调模式，即国家权力、学术权威和市场，认为市场对高等教育系统的影响有日益扩大的趋势，并且着重分析了消费者市场、劳动力市场和院校市场这三种主要的教育市场形式。但是，广义的市场远不止这三种形式，它包括影响大学发展的多种利益主体。所谓大学决策的市场模式，就是指社会相关利益主体参与和影响大学决策的形式。因此，就其重视和强调社会参与而言，又可以称其为"社会模式"。

市场模式具有三个方面的特点：

一是重视大学与环境的互动。大学不是通过对抗环境的复杂性来进行自我保护的，而是主动调适和适应环境，并从环境中获取资源。

二是大学以基于自身特性的方式，对自身环境的资源进行加工，恰恰是不同于市场方式的加工过程，才维持了大学作为开放系统的不同结构。因此，大学对市场的适应不等于"市场化"，即把市场机制直接移植进来。

三是市场模式具有分散决策的特点，在适应市场的过程中，大学各子系统逐步成为具有较大自主权的相对独立的经营主体，大学经营化程度不断提高。

市场更主要的是一种超越传统权力关系的力量，其影响集中体现在改变大学、政府，以及大学与政府的关系上。

从现在发生的实际变化来看，在高等教育中，既有供求直接面对意义上的市场，也有政府模拟市场机制形态的模拟市场。

供求直接面对的市场，主要为需求市场和竞争市场，即消费者市场、劳动力市场和院校市场。学生家庭和用人单位出于对大学教育功能和研究功能的需要而对大学支付费用，各类院校为获得这些费用而展开竞争。所谓模拟市场，则是把市场功能的一部分以某种形态导入政府的资源供给中。例如，强调对大学的"问责"，只有那些经过评估，绩效令政府满意的大学，才能获得较多的政府资助。

总之，各国政府拨款方式已逐步由原来的"一揽子拨款"，改为目标激励性拨款、绩效拨款、基准拨款、竞标拨款、边际成本拨款等形式，市场和模拟市场在一定程度上改变了政府权力的运作方式。与此同时，也就提出了谁应当对大学的可持续发展最终负责，国家还是高等学校自身，目前的拨款方式是否有助于保持大学的长期产出能力等问题。

第二节　控制模式改革

一、基层控制

基层控制是早期大学的显著特征之一。在以后的发展中，这一特征在许多国家的大学中得以保存。基层控制具有结构扁平化的特征，具体体现在以下几个方面：

第一，博弈地位均等化。大学或学院的各组成部分松散结合，权力扩散到各学科或教学科研部门，来自各学科的教授们在大学或学院的管理中，原则上具有同等权力。

第二，结构运作多样化。大学或学院的目标经常与基层目标发生冲突，后者引出了众多的方向，各学科或部门之间的沟通，往往按照各自的既得利益进行，使得协调非常困难，结果往往由建立在自愿基础上的非正式规范来进行控制。

第三，结构实体独立化。各学科或部门高度自主，相对独立，上层结构虚化，下层经常决定并管理上层。因此，基层控制在具有尊重学术自由、有利于发挥学术人员的创造性等优势的同时，也容易因各行其是，造成混乱无序和资源浪费。为修正其不足，一些国家逐步加强了上层调节性机构的建设。

二、上层控制

在院校内部，系主任一般是自上而下经协商而产生；中间层次的学院一级，院长一般由任命产生。但是，对于一些高度集权体制的国家而言，上层控制主要体现在国家对大学的直接控制上，国家教育行政部门在某种程度上取代了大学行政部门。上层结构的权力集中在国家教育行政部门的官僚手中。没有院校董事会管理制度，院校行政的力量相对较弱。不过，即使在高度集权体制的国家，大学基层特别是教授依然享有较大的自主权。

集权制国家在改革过程中，在向大学放权的同时，也采取了加强大学本身行政权力或加强协调机制等措施，形成了另一种形式的集中。

三、多元协调

大学控制模式改革的总体趋势是由两极趋向中间。绝对的基层控制和上层控制，毕竟属于理想类型，各国通过对基层控制和上层控制模式的不断改革，逐步建立了上下结合、多元协调的复合控制模式，针对不同的管理对象，形成了开放灵活、模式多样的控制方式。

社会系统理论认为，管理者同时也是被管理者，当行政管理者在管理教师行为的时候，教师也在设法影响并管理行政管理者的行为。实际情况是，教师在护卫其传统势力范围或管理领域过程中，开始介入行政管理者的优势领域，而管理者护卫其传统势力范围或管理领域过程中，也开始介入教师的优势领域。在保持原有的传统的同时，又通过变革，形成了新的优势。此外，不同类型高等教育体系之间的相互借鉴和趋同，在某种程度上也促进大学内部控制模式的改革。

一般认为，现实中存在两种比较典型的高等教育体制模式，一种为国家主导型高等教育体系,另一种为社会主导型高等教育体系。大致而言,国家主导型高等教育体系容易形成集权式管理,社会主导型高等教育体系则容易形成基层民主管理模式。在发展过程中,社会主导型高等教育体系加强了统筹与整合的力度,国家主导型高等教育体系则通过向下放权和引入市场机制,增强了适应性和灵活性,结果殊途同归。

第三节 我国高校运行机制的特点

一、大学经营化程度的提高

改革开放以来,随着大学办学自主权的逐步扩大,大学的实体地位不断增强。办学规模迅速扩张,政府财政性投入占大学经费开支比例逐步下降,使得大学如何面向市场通过自主经营获取赖以生存和发展的资源,成为摆在大学管理者面前的一个现实问题。

在此情形下,市场原则及其管理手段被广泛引进大学管理领域,形成了一系列促进大学面向市场自主办学的具体制度。例如,问责制度、融资制度等,前者要求学校各部门说明所取得的科研成果、教学质量、办学效益及持续发展能力等,后者则要求大学在国家公共财政能力有限或逐渐下降的情况下,积极通过向银行贷款、引进民间资本、开展教育融资等多种手段筹集发展资金,增强自主发展能力。大学必须自主确定目标定位,通过营造品牌和特色吸引生源,借以维持其在教育消费市场、劳动力市场和院校市场中的生存能力。

二、管理重心的逐步下移

如何处理集权与分权的关系,一直是我国大学内部管理中需要解决的问题。一方面,如果没有必要的集权,就无法把多元分散且异质化程度很高的各部分整合成为一体,也难以形成共同的战略、文化和利益。另一方面,当大学变得日益复杂时,这种整合的难度也进一步加大。因为,当一个系统发展并变得更加复杂时,如果日常的权威继续由中央机构行使,这个系统应付逐步变得难以管理。长期以来,我国大学内部管理实行的是高度集权的管理体制,其结果是以服务为主的职能部门拥有较大的权力,它们实际上成为推行集权的重要手段，并且往往异化成为对院系的领导，院系权力较少。有学者认为，这种体制下形成了一个实际控制学校但又无须对学校发展承担直接责任的行政管理者阶层。例如，财务处管理财务，但无须对开辟财源负责；人事处负责教师的录用、职称晋升等方面的管理，但无须对各院系、各学科专业的教学和科研质量直接负责。为此，在合并相关系科组建成立学院的过程中，多数大学都进行了扁平化的分权管理改革，重新划分学校与学院的权利与责任边界，推进管理重心下移，在经费使用和学术决策等方面，赋予学院以较大的自主权，同时，也要求学院承担相应的责任。

三、学术人员决策权和影响力的扩大

在长期的计划体制下，政府资源都是通过行政系统分配的，这造成了大学行政人员权力过大的局面。在一些大学中，行政职能部门既是决策者又是管理者、监督者和评价者，以致许多名义上由学术组织出面做的事情，最终决定权依然在行政部门，学术组织不过是为其"打工"，走个形式而已，甚至校、院、系的各类学术组织也如行政科层部门一样，层层服从，对上负责。为改变行政权力过于膨胀、学术权力相对较弱、行政权力常常代替学术权力的状况，许多大学通过改革，建立健全了各种常设性的学术组织，如学术委员会、学位委员会、教学工作指导委员会、教材建设委员会、课程建设委员会和专业技术职务评聘委员会等；同时，增强学者群体在大学管理、决策和资源分配等具有实质意义的事务中的影响力，并以一定程序和制度确保学者群体行使其权力。

总之，大学管理制度改革的基本线索是在理顺大学内部权力关系的基础上，建立上下平衡、内外结合、合理有序的大学权力体制和运行机制。大学管理制度改革的基本特点是，将保存传统与改革创新统一起来，由两极趋向中间，达到对立面的统一，具体体现在：

寻求自律与他律的统一。改革中，力图通过建立既合作又分工的学术体制和行政体制，来协调大学内部学术权力和行政权力的关系，在遵循学术发展逻辑的同时，适应国家和社会需要。在近期的改革中，又根据大学作为社会开放系统与社会之间边界模糊、松散结合的特征日益彰显的新情况，积极进行权力体制和组织方式的创新，通过建立分散治理结构，整合学术权力、行政权力和其他各种权力，以达成大学发展内部规律与外部规律的统一。

将提高组织化程度与促进管理重心下移相结合。适应大学多元分化的趋势，各国在加强整合协调的同时，积极扩大基层民主，以促进大学上层结构与下层结构之间的平衡协调，并根据管理对象的不同特点，构建起灵活开放的多元协调模式。

追求效率与激发活力相统一，既关注大学整体性目标，又重视各子系统的目标。既追求目标的一致性，又强调目标的合成性。大力促进科层制官僚模式与委员会制民主模式的结合，通过建立分散治理结构，以实现效率与活力、规范性与灵活性的统一。

第四章
高校人力资源管理基础

第一节　基本概念的界定和说明

一、高校人力资源管理及其相关概念

人事管理是指人事关系的管理，它是以从事社会劳动的人和相关的事为对象，在一定管理思想和原则的指导下，运用组织、协调、控制、监督等手段，形成人与人之间、人与事之间相互关系的某种状态，以实现一定目标的一系列管理行为的总和。

长期以来，高校的人事管理制度一直沿用传统的偏重于强调事而忽视人的管理模式。随着社会的大发展，这样的人事管理制度逐渐演变为发展的阻力，形成诸如人浮于事、编制不当、结构不合理、效益不高、缺乏有效的竞争和激励机制等痼疾。新时期高校引进人力资源管理理念，就是为了解决这些弊端。

人力资源管理是在人事管理的基础上发展起来的人性化管理，指运用现代化的科学方法，对人力进行合理的培训与配置，同时对人的思想、心理和行为进行恰当的引导，充分发挥人的主观能动性，使人尽其才、事得其人、人事相宜，以实现组织目标。人力资源管理概念，是在传统人事管理的基础上发展完善起来的，是适应社会发展需要的管理理念。它反映了组织客观发展需要的必然趋势，是从以工作为导向转变成以员工为导向的一种以人为本的管理，是人事管理在当代的新发展。

高校人力资源管理就是运用科学的原理、正确的原则和现代的管理手段，根据人才成长规律和高校自身目标，最大限度地调动高校工作人员的主动性、积极性和创造性，以达到高校人力资源利用的高效益、高效率。其目的是通过科学管理，谋求教职员工、师生之

间，教职员工与教育事业、社会环境之间的相互协调，达到人适其事、人尽其才、事尽其功。从宏观层面来讲，就是高校人力资源管理部门所进行的各种人力开发、配置、利用、评价等管理环节，以及对各管理环节所进行的规划、组织、调节和控制活动。微观层面是指对高校各类各级从业人员进行规划和组织，对招聘、录用、培训、升迁、调动、评价、退休等人事活动进行管理和控制。

二、高校人力资源管理中的主要理念

（一）以"人本管理"为基本的方向

高校人力资源管理应以人为本。在管理上把"人"作为企业生存和发展之本，一切从"人"出发，以"人"为根本，重视团队协作和"和"的精神。人本管理对高校人力资源管理有积极的意义。

（二）以科学发展观为指导思想

高校人才管理制度必须坚持科学发展观，与时俱进，必须从"传统的人事管理"转为以人为本的"人力资源管理"，高瞻远瞩地高擎"解放思想"旗帜，组建一支高素质的师资队伍和管理队伍，充分调动广大教职员工的积极性、主动性和创造性，这对我们参与全球竞争、促进经济发展有着至为重要的意义。

（三）和谐人力资源管理理念

实现和谐人力资源管理关键是以人为本实行人性管理，也叫弹性管理。所谓人性管理，主要是从人的情感、需要、发展的角度来理解管理。高校和谐人力资源管理理论基本原理：互补原理，公平竞争原理。

（四）伦理化管理

建设高校人力资源管理伦理，首先应转变高校人力资源管理理念，即管理模式上应该是德法兼治、管理思想上应该是以人为本、管理思维上应该以非效果论为基础；其次应提高高校管理者伦理素养，做到处事公平、作风民主、严谨自律、关心教师；最后应通过提高道德认知水平、培养内省和慎独的能力、加强教师道德实践等道德修养能力，促进教师道德水平的提高，以适应伦理化管理。

（五）能本管理

"人的能力"是"能本管理"的核心内容。即通过把人所具备且为组织发展所需要的能力作为管理的首要对象和最终价值目标，把开发人的潜能作为最主要的管理任务和最核心的激励手段。

其实，目前流行的几种高校人力资源管理理念从根本上说都是从管理对象"人"出发，充分地考虑高校人力资源的高层次性和能动性，进而化刚性管理为柔性管理，从制度出发到从人出发，从以才为本向以人为本转变。人本管理是高校人力资源管理的最佳选择。

三、高等学校人力资源管理理念探析

高等学校要想培养满足社会需要的合格人才，提高学术地位和办学水平，必须拥有一支稳定的、高水平的师资队伍。了解高等学校人力资源的特性，加强高等学校人力资源管理，进行高等学校人力资源的优化配置，对提高高等学校办学水平，实现高等学校的办学目标，具有重要的意义。高等学校人力资源内涵的界定分为广义与狭义两种：广义的高等学校人力资源是指一切能够有助于推动高等学校及高等教育发展的具有智力和体力劳动能力的人员的总称，包括教职工资源、学生资源和校友资源等。其中教职工资源包括教学人员、科研人员、管理人员、教辅人员、服务人员和离退休人员等。狭义的高等学校人力资源是指在高等学校一定范围内的人力资源总体中，在一定时期内从事高等教育这一活动的具有履行教育教学能力和职责的专业人员知识、技能、创新能力、体质等方面在数量和质量上的总和。高等学校人力资源主要包括教学科研人员、管理人员、服务人员，其中具有较强教学能力、科研创新能力和管理能力的人才资源是高等学校人力资源的核心。

高等学校既是人力资本的产地又是人力资本积累的场所。当前，国内高等学校之间的竞争尤其是对人才的竞争日趋激烈，因此高等学校人力资源管理问题得到普遍关注，研究者见仁见智，提出了许多有益的管理理念和管理方法。与其他管理领域比较而言，高等学校人力资源管理理念的特殊性表现为以下几个方面：

（一）多元化的管理理念

1. 大学构成的多元化

我国的高等学校大致有三个不同的层次：多学院的综合性大学，设于大学之中或独立设置的专门学院，以及学制较短、以实用科目和职业训练为主的专科学校、职业技术学院等。大学在我国虽泛指中等以上的教育，但就其特指而言则更多地意指文理科综合性大学。学校发展定位、办学规模、办学水平有极大差异的学校的基本管理，从理念到实践都存在着很大的差别。

2. 管理主体的多元化

高等学校人力资源管理在基本的对象界定上一直存在着一个误区，就是认为高等学校人力资源管理对象只是教学科研人员。实际上，高等学校人力资源的完整构成至少包括以下几个组成部分：专业技术人员；高等学校管理人员；后勤工作队伍。科学管理可以使现有资源有效整合并且超常发挥作用，从实际而言，如何处理好三者的关系，特别是如何做到有效配置人力资源并形成有效的激励约束机制尤显紧要。

3. 程度的多元性

一方面，作为高等学校人力资源主体的专业技术人员普遍具有较高知识水平和较强的研究能力，在这个层面上的人力资源管理不仅涉及针对不同专业的师资培训，还涉及各类师资专业知识更新、教学方法传授、研究能力训练等；另一方面，高等学校人力资源中的管理层面以及与之配套的后勤服务系统等各要素之间的协调还涉及诸如体制背景、组织文化等因素。从我们目前许多高等学校的管理观念上讲，习惯于理性管理，学校被认为是一个"理性"组织，管理者比较多地强调学校组织的权威性、等级性以及各种行为的规范性，而忽视了个人的情感、个性、欲望、能力等因素的综合作用。

（二）知识化的管理理念

在探讨大学的治理模式时，把大学内部以教师制度为核心的人事制度改革作为讨论的逻辑起点，从大学的社会功能出发，将大学定义为非营利性机构，从而确认它没有特定的受益人和利益主体，因此它的治理结构所需要做的是平衡所有利益相关者的利益。由此管理制度的设计也必须从大学的整体社会效益最大化出发，虽然是典型的经济学话语，但是对大学的特殊性还是给予了极大的重视。高等学校人力资源管理的知识化包含两个方面的含义：一方面，意指高等学校人力资源管理的主体和对象区别于一般的管理领域，其知识含量与知识的积累、加工、传授过程和结构极为复杂；另一方面，这样一种界定更加注重过程化因素，因为高等学校人力资源管理相对于其他管理活动的一个重要特点在于知识需要在一个相当长的时间段中加以评价，过程管理具有压倒性的重要特性，而其他管理特别是企业管理更加注重结果和当前效益。高等学校人力资源依靠自身人力资本丰厚的储备，具有很大的优势和较强的竞争力。他们经常选择在有利于他们专业知识和能力得以充分发挥的高等学校工作，不希望终生在组织中工作，流动意识很强。

针对高等学校人力资源管理的知识化特点，在管理的过程上，注重管理的柔性化与知识互动，发挥教师的自我管理效能。这就要求我们的人力资源管理克服习惯于用行政手段管理的弊病，既有自上而下的管理，也有自下而上的管理，重视横向的沟通与协作。

（三）全面化的管理理念

高等学校人力资源的管理就是在立足于不同学校性质和办学理念的基础上，建立对专业技能人员、管理人员、后勤服务人员多层次、多主体、全方位的管理体系，摒弃传统的将高等学校人力资源管理对象界定为狭义的教学科研人员的做法，统筹规划，科学设计，构建全面化高等学校人力资源管理理念，真正实现全面化管理的目标，有效实现高等学校人力资源管理的潜能与社会责任。只有在全面化管理理念的引导下，作为高等学校人力资源管理主体的高等学校教师管理才能被放置在一个恰当的位置，才能真正认识到高等学校的中心工作是教学和科研，工作的主体是教师和学者。现代高等学校人力资源管理注重以人为本，注重个人的全面发展，重视发挥学校全体教职工的积极性和创造性，把人的开发、利用、规划培训等作为管理的重要任务。高等学校要获得稳定持续的发展，必须加大对高等学校人力资源开发的力度，建立全面化的、系统的高等学校人力资源管理体系，逐渐从传统体制下的"人事管理"模式转向真正意义上的人力资源管理模式。

高等学校的核心竞争力是高层次人才群体，而在高层次人才群体的建设中，组织结构、文化氛围和价值观念等软环境建设及柔性管理显得更有价值。柔性管理是与知识经济时代相匹配的，它与物质管理和制度管理等刚性管理完全不同，是以文化式的管理为基础、知识管理为核心、以人为中心的管理。

对这样一个特殊的领域，研究者提出了高等学校人力资源管理方式柔性化的建议，并在高等学校组织机构、决策激励机制、人员培训考核方式、人员流动机制、资源信息管理和校园文化等方面做了许多具体的论述，值得我们借鉴和深思。在实际工作中我们认为，摆脱成见，立足于高等学校人力资源管理实践的独特形式，以多元化、知识化、全面化、职业化理念为指导，建立一套科学的、尊重个性与人才成长规律的、物质激励与精神激励有机结合的人力资源管理模式显得尤为重要。

第二节 创新高校教师人力资源管理的相关科学管理原理

对高校教师人力资源管理模式进行创新，一方面，可以充分发挥高校教师人力资源的优势，建立一个高效、团结、充满凝聚力的高校教师团体；另一方面，可以为教师和学生创造更加充满活力的环境，可以促使每一个教师都能竭尽所能，利用自己的聪明才智，在自己的工作岗位上创造出辉煌的成绩，为知识创新、科学研究、社会服务贡献力量。因此，对高校教师人力资源管理模式进行创新性的发展，有利于高校进行教育的改革和发展，也有利于高等学校适应社会发展，为社会培养更多的优秀人才。

一、高校教师人力资源管理模式存在的不足

（一）管理理念滞后

目前，我国高校进行了较大的改革，但是就当前我国高校教师人事制度来说，依然存在较大的问题，就其高校教师人力资源管理观念来说，人力资源的管理依然没有摆脱传统的人事管理的思路，很多现代化的人力资源管理的观念还没有被高校真正地采用。现在很多高校依然把一些旧的思想、观念用到人力资源管理上，而不是树立以人为本的新的管理理念，没有充分认识到高校人力资源管理模式的重要性和重要意义，只是简单地进行人事管理。很多人以为影响高校发展的是资金的不足，其实真正影响高校发展的是没有做好人

力资源的开发与利用。

（二）高校教师人才选拔制度不合理

在选用教师的过程中，我国各高校都按照自己制定的办法执行，很大程度上受到高校领导层的干扰，因此高校教师人才的选用、聘任等带有很大的随意性和不确定性。这就给高校教师的人才储备带来了很大的不利。我国大部分高校在选聘高校教师的时候都优先考虑自己本校的学生，这也一定程度上使得高校人力资源结构比较单一。此外，高校在选拔高校教师的时候往往注重学历和职称，而对教师的职业道德、科学文化素养、品德、品行等有所忽视，从长远来看，这对高校人力资源的协调发展不利。

（三）对高校人力资源开发与培训工作不够重视

高校为了获得长远的发展，要定期或者不定期地对教师人力资源进行在职培训，深挖人力资源的潜力，使其具备必要的专业技能，获得良好的工作态度和其他一些有价值的知识，从而使得教师获得胜任高校教学的能力。然而，目前我国高校教师人力资源开发和培训工作中，往往重引进，轻培养；重拥有，轻激活；重使用，轻开发；重专业，轻技能与品德，严重影响了人力资源的利用效率，也加剧了高层次人才的流失。

（四）绩效考核评比工作流于形式

我国高校人力资源管理绩效考核制度存在的主要问题是：第一，绩效考核标准的问题。在高校教师绩效考核过程中，没有明确的绩效考核标准，同时有很多考核项目也很难通过指标来进行考核，如师德评判的标准。第二，高校在评先树优的时候，不管是管理层干部，还是教学一线的教师，都按照一定的比例分配名额，这样的分配制度，不利于学校评选出优秀的教学能手和管理人才。第三，高校在进行绩效考核的时候，往往存在人情分，甚至出现了请客送礼的现象，这给高校绩效考核带来了困难，也给高校人力资源管理带来困难。第四，很多高校进行考核时，才进行考核制度的制定，所以每年的考核制度都会发生较大的变化，有些考核标准甚至根据某些人的条件制定，这就严重打击了高校教师的积极性。第五，很多高校评价时，注重教师的科研数量、论文数量，但是忽视了质量，使得很多教师为了名誉过分追求数量而忽视质量，从而使得考核的有效性难以保证。高校教师薪资制度不利于教师人力资源的开发，当前高校教师的薪资制度是实行国家财政工资和学校津贴为主的薪资结构。而国家财政工资是一成不变的，这就不利于高校教师积极性发挥。学校津贴是实行绩效分配的，但是校内绩效津贴只占薪资的很少一部分，不能起到激励教师的作用。另外高校还存在一些绩效不公平的现象，行政人员和教职人员的绩效考核标准不合理，绩效考核向高职称人员倾斜，等等，这就使得教师往往过分追求职称，而忽视教学水平和教学质量。

二、对高校教师人力资源管理的探讨

高校教师人力资源管理，主要研究高校教师人力资源管理活动的内在联系和客观规律，它包含两层意思：一是高校教师人力资源管理有独特的管理对象。其管理对象为高校教学活动中的教师以及教师与组织、环境、事与物的相互联系。高校教师人力资源既在开发中提高，又在利用中增值，这种增值与提高，一方面促进人力资源的进一步增值与提高；另一方面又对其他物力资源继续开发起着决定性作用。二是高校教师人力资源管理有其客观的发展规律。高校教师人力资源管理的观念、理论、方式和手段是随着时代和社会的发展而发展的。将公共人力资源管理新理念注入高校教师人力资源管理中，可以使高校教师人力资源管理获得适应社会发展尤其是高等教育发展的新动能，从而不断完善高校教师人力资源管理。

（一）确立以教师为中心的管理思想，改变教学科研行政化倾向

传统的高校教师管理模式是通过建立管理者与被管理者之间的不同等级的职权关系，运用行政与法律手段，以管理者的权威性加以实现的。行政指令性的管理注重的只是政策的合理性、合法性，而忽视人的个体因素。表面上管理有序，实质上效率不高，在管理与工作中往往侧重于行政管理而淡化主体——教师的具体精神价值和潜在价值，致使高校的教学和科研工作有着严重的行政化倾向。具体表现在两个方面：

1. *高校行政机构臃肿，人浮于事，行政人员往往以管理者自居*

高校行政人员多于教师，个别高校的行政人员甚至是教师人数的两倍之多。本来，高校行政人员的存在价值在于为教学科研服务，学校各部门对教师队伍的管理，应当以尊重

人才为基础、以服务为目的，通过为教师解决工作、生活方面的后顾之忧，创造良好的工作条件。部分大学缺少尊师重教的氛围，从理论上讲教师是学校的主力军，但实际上，部分高校官僚作风严重，教师在一定程度上成为管理的对象。必须明确，高校教师管理并不只是一般的行政管理，而是要根据高校内在的运行规律，根据办学指导思想和人才培养目标，侧重于教学科研人员学术事务的管理。高校的中心工作是教学、科研工作，工作的主体是教师、学者。高校行政管理部门及其人员在思想上应有充分的认识，在工作中应有充分的体现，在行动上应有强烈的服务意识。因此，在进行教师人力资源管理时，要时时事事理解教师、尊重教师，服务于教师，让他们能多用一些时间、多集中一些精力进行教学和科研工作。尤其在服务方面应是积极主动地为教师搞好服务，而不是被动地服务，更不能让教师服务于行政人员。同时，教师也应该真正地全身心地投入教学科研，提高人才培养的质量。

2. 高校中"官本位"的价值取向严重，官位重于学问，权术重于学术

目前高校有一种作为体现承认或者挽留学有成就的教师的传统做法，就是安排领导职务，这就有意或无意地助长了"官本位"倾向。在一些高校内部，权力凌驾于知识之上，做学问的不如搞权术的，与所倡导的"尊重知识、尊重人才"的理念完全相悖。高校相对整个社会来讲，始终是人才高地，要吸引人才，稳定教师队伍，最主要的是优化其生存和发展的环境，即高校要不断加强自身环境建设，积极营造一个政策宽松、学风优良、尊重知识、重视人才、科研条件优越、人事关系和谐的"软环境"，尽量把虚伪的、庸俗的人事关系排除在学术环境之外，为高校教师人力资源开发和管理创造良好氛围和条件。

（二）注重教师的潜能开发，改革教师职称评聘和评价机制

目前，我国衡量高校教师教学水平和学术水准最主要的标志之一就是职称。多年来，我国教师职称评定的终身制和单一制缺乏激励因子，能上不能下，没有风险和危机，使得一些教师当上了教授后便不思进取。尤其是现行教师队伍中大多数教师是在传统教育体制下培养出来的，存在着知识面窄、学派单一、知识老化现象。而当今世界科技发展日新月异，对本专业新知识不感兴趣、不刻苦钻研，必然落伍。事实上，衡量高校教师队伍整体素质的高低不仅与职称、学历等表层结构有关，真正起决定性作用的是教师现有的知识、

能力等深层结构。另外，目前高等教育承担着培养复合型人才的任务，教学课程体系向综合化发展已成为趋势。然而，职称评审仍然是只注重单一学科，造成教师对专业之间相互渗透不感兴趣，文理科之间甚至相互排斥，这显然难以适应现代高等教育的需要。因此，高校教师的职称评聘必须打破终身制和单一制，建立基于其实际能力和水平的不同等级、不同层次的多元型评聘制度。

高校教师的职称评聘机制是建立在教师教学科研工作的评价机制上的。目前高校普遍缺少客观公正的教师评价机制，致使考核流于形式，不能摆正教学与科研的关系，搞科研没有创新精神、团队精神，等等。一所高校要想上水平，办出自己的特色，必须建立完善的师资绩效评价体系，抓好以下三个环节：一是摆正教学与科研的关系。教学与科研之间存在着内在的联系，科研可以充实教学内容，而且科研上颇有建树的教师对学生有更强的感召力。离开科研，教学水平很难上去，专业课的教师不搞科研，教学肯定不会创一流水平；同时，为了保证教学质量，完成本职工作，无论哪一级职称的教师都要潜心搞好教学，边教学边搞科研，教、研结合，相得益彰。学校要支持鼓励教师承担重大科研项目，这是出人才、出成果的重要途径。二是要突出创新精神。21世纪是一个科技创新的世纪，高校要适应社会发展的需求和特点，就要培养创新人才。而要培养创新人才，教师必须首先具有创新意识，实施创新教育。创新教育是一种对受教育者进行良好心理素质训练和创新能力开发的教育，它认为知识的学习不是目的，高等教育也不是教育的终结，更重要的是掌握科学的方法，为学生以后走上社会接受终身教育打下基础。因此，要引导教师按照这个要求和目的，树立全新的教育观念，优化课程体系，改革教学方式，使学生学会治学之道，从被动接受知识到主动建立自己的知识和能力体系。为此，要对现有教师进行创新素质和能力测评，对于那些难以对学生进行创新素质和能力培养的教师要有针对性地进行教育和培训。要不断改善教师待遇，真正提高教师地位，把具有创新意识和能力并适合从事创新教育的人才吸引到教师队伍中来。三是要强化团队精神。在竞争中合作，在合作中竞争，这是现代社会的显著特征。新世纪的高校教师不仅要有相当宽的知识面，还要有团结协作精神，只有与不同学科和专业、不同学术观点的人进行广泛的合作交流，联合攻关，才能攻克重大课题。高校教师职业性质决定了教学和科研只有形成结构合理的群体才能发挥作用。学会合作、善于合作已成为新世纪高校教师的基本素质之一。因此，应该把高校教师的团队精神、配合精神、良好的人际关系等内容纳入评价体系。

（三）从人力资源开发的战略高度出发，全面规划和落实在职培训

高校教师的教育培训是高校教师人力资源开发的核心环节和基本内容，它是根据高等教育事业发展的需要，按照不同专业的要求，有计划、有组织地开展的旨在提高教师素质特别是教学水平的活动。

在人力资源管理理论中，组织要获得知识和技能，最常用的方法有三种：一是聘用新的成员，在聘用这些新成员时，就要求其已经或基本具备组织所需要的知识和技能；二是采取替代办法，即通过与其他组织的协商来购买或租用所需要的知识和技能；三是立足于现有的成员队伍，通过培训，开发其新的知识和技能。一个组织在决定采用何种方法或者配置几种方法的比例时，无疑要综合考虑培养目标的要求和成本等因素。高校教师的教学和科研是一种专业性很强的工作，这就决定了通过在职培训提高教师知识和技能是耗费资源最少和最有效率的途径。因为教师的职位是相对稳定的，不可能通过频繁地聘用新成员来达到更新知识和技能的目的，而且高校教师的教学经验和学术水平是要通过较长时间的积累而逐步提高的。另外，高校教师教学工作的主要方面，也不可能通过"外包"的方式，去购买社会上的知识和技能。所以毋庸置疑，高校教师通过在职培训不断更新知识和技能应得到充分的重视，并采取切实有效的措施、途径来加以实现。

高校教师的教育培训应该是终身性的，因此，要使高校教师群体保持适应社会持续发展的能力，必须把高校的教学组织建设成为"学习型组织"。学习型组织理论是当今两大前沿管理理论之一。要构筑终身教育体系，创建学习型社会，教育是人力资源能力建设的基础，学习是提高人的能力的基本途径。"学习型组织"理论之所以成为我国政府向世界倡导的重要理论，主要是基于世界发展的挑战和机遇。21世纪是强调"把人作为发展的中心"的世纪，教育是社会和经济发展的主要途径，教育是社会和经济发展的首要推动力，教育本身就是社会发展的基本内容和目标；接受教育不仅是为了谋生，而且是为了社会的和谐发展、个人能力的充分发挥。所以，21世纪的高校教师，应该是能系统思考的，不断自我超越、不断改善心智模式的，积极参与组织学习的，能在共同愿望下努力发展的，把学

习看作人的天性、看作生命趣味源泉的学习型的人。

高校本身就是一个学习系统，高校教师不仅是知识和技能的传授者，还是学习者，因此，在职培训就成为高校教师终身教育的极为重要的途径。对高校组织来说，要给教师提供学习的时间、经费和环境等条件，而教师自身则有不断学习的义务；对高校管理者来说，自己通过学习更新知识技能和组织教师通过学习更新知识技能，是管理的重要职责。此外，要注意将教师的培训有效地引导到学校需要加强提高的学科方向上来，避免学非所用，造成浪费。总之，从高校教师人力资源开发的战略高度出发，有的放矢地规划和落实高校教师多学科、多层次、多方式的在职培训，健全继续教育的运行机制，的确是一项紧迫而又重要的工作。

第三节　先前理论的适应性分析

随着经济全球化步伐的加快和知识经济时代的到来，以信息技术为核心的新技术革命从根本上改变了社会经济形态，多元化、个性化的市场环境使得高等教育面临前所未有的挑战。近年来，随着国内外形势的发展和变化，对高校人力资源管理既带来机遇，也带来挑战。全面、科学地分析机遇与挑战，未雨绸缪，及时制定正确的对策，才能抓住机遇，变挑战为动力，取得高等教育在人才队伍建设中的主动权。人力资源管理是高等教育管理的重要组成部分，是高校在激烈竞争中赖以生存和发展的基石。然而高校传统的人力资源管理面临跟不上时代步伐，作用和重要性日趋减弱的命运，此时，人力资源管理创新的概念应运而生。高校人力资源管理创新是指在市场竞争日趋激烈的环境下，为了提升高等教育内部人力资源管理与运作的效率，运用创新思维为高校带来人力资源管理的新思想、新概念和新方法。由其概念不难发现，人力资源管理创新是增强高校智力资本优势和竞争能力，应对知识经济新挑战的重要途径之一。

一、高校人力资源管理创新趋势

当今的知识经济时代,全球市场竞争的日益激烈加速了全球经济一体化、管理信息化的进程,高校由曾经一度的追求利润最大化转向追求整体价值最大化,高校传统金字塔式的权力型组织结构转向扁平化组织结构、团队式的管理运作模式,高校由原先的物力、财力竞争转向对市场占有能力和人才获取能力的竞争;高校教职工的管理由被动接受型转向积极参与管理型,由物质推动型激励转为情感满足型激励。为了适应知识经济带给市场环境的变化,高校人力资源管理酝酿着巨大的创新变革,这种创新主要呈现出以下四种发展趋势:

(一)知识化

知识化是知识经济时代高校未来竞争格局的基本特征。作为知识和技能承载者的人力资源,高校必须以全新的视角认识人力资源管理在高校中的作用。高校人力资源管理的知识化趋势改变了衡量高校的标准和竞争规则,人力资源的知识含量反映了高校拥有的专门知识、技能和能力,是高校创造独占性的专有知识和垄断技术优势的基础。高校作为一种知识整合系统,是创造、传递和运用知识的组织,其中人力资源管理知识化是高校文化与知识管理相互融合所产生的战略资产,是体现高校价值的关键要素。

(二)柔性化

如果用传统规章制度式的刚性管理,高素质的知识型教职工很难从内心深处激发其潜在的主动性和创造力。柔性化的人力资源管理模式是一种"以人为中心",以"柔性"的方式去管理和开发人力资源,运用弹性工作制、激励导向的薪酬策略与自助餐式的福利相结合的管理模式,是激发高校教职工积极进取的重要手段之一。知识经济社会,工作的弹性制使教职工有更多的自由支配时间,满足他们通过学习更新老化知识,提高高校和教职工的知识存量,提高竞争力。人力资源的柔性管理模式冲破了刚性管理模式的有形界限,不局限于固定的组织结构循规蹈矩进行管理,而是随着时间和外部环境等客观条件的变化而变化,体现"和谐、融洽、协作、灵活、敏捷、韧性"的柔性特征,这是一种反应敏捷、灵活多变的人力资源管理模式。

（三）个性化

随着高校的规模和边界的不断扩展，跨地区、跨高校的不断增多，高校教职工呈现出分散化、个性化的趋势，传统单纯的人力资源人事管理技术已经不能适应高校发展的要求，为了满足知识型教职工个性化的需求，传统人力资源管理的许多职能如招聘、培训、激励、考评以及工资福利的制定与执行已经发生重大变化，对知识型教职工或小团队有针对性地"量身定做"个性化的人力资源管理"套餐"成为人力资源管理创新的趋势之一。

（四）外包化

在未来的高校管理中，应将那些仅做后台支持而不创造人力资本增值的后勤管理业务外包出去。任何不提供向高级发展的机会、活动和业务也应采取外包形式。长期以来，人力资源管理拘泥于后勤保障的功能，其中薪酬、保险、福利、税收、教职工档案、招聘、录用、培训等职能具有明显的事务性、重复性和通用性等特点，这些不创造价值的职能外包给专门的人力资源顾问公司，有助于其从一般的行政管理职能转变为战略性的经营规划职能，使高校更加专注于核心竞争力的培养，突出人力资源管理职能的重点并提高绩效，降低高校的经营成本。

二、高校人力资源管理创新的途径分析

知识经济条件下，高等教育所处的环境日新月异，随着知识化、柔性化、个性化、外包化高校人力资源管理创新趋势的到来，高校传统的人力资源管理已不能够适应高校发展的需要。为了应对知识经济提出的新要求，高校应从理念、角色、职能、文化以及技术五个角度全方位实现人力资源管理创新。

（一）理念创新是高校人力资源管理创新的基础

理念创新是人力资源管理创新实现的根本。为实现理念创新，高校应做到以下几点：

1. 树立以人为本的管理理念

教育的目的是培养社会所需的高层次人才，科研的目的是为社会提供高质量、高效益的科研成果和科技文化含量比较高的咨询服务。人本管理理念是将高校中教职工的发展作

为高校发展的重要目标之一，重视人的因素、发掘人的潜力、激发人的主动性，建立一套有利于各类人才成长和发挥作用的机制，把人才培养与人才使用结合起来，培养一大批用得上、留得住的人才，正是高校发展的希望所在。无论是教育和科研都无不依靠人来实现，人才是高校生存和发展的第一资源。如果没有高素质人才以及他们主动参与各类教学科研等活动的积极性和创造性，财力、物力便将失去其作用和功能。

2. 树立人力资源管理的战略理念

传统的人力资源管理理念停留在处理具体事务的战术管理，而现代高校人力资源管理理念具有战略性、整体性和未来性的特点，结合高校经营方式的转变、战略的调整、行业发展的趋势及人才市场的信息，参与组织的战略决策，做出总体的战略规划。

3. 树立高校与教职工双赢的理念

高校的效率，取决于高校每个成员充分地发挥聪明才智并相互分工协调，这便是高校成功的关键。高校与教职工双赢理念的树立有助于高校经营理念和教职工价值取向一致性的形成，有助于将教职工的职业生涯规划与高校未来的发展愿景统一起来。理念的形成还有助于构建高校内部双赢的高校文化，造就教职工积极进取的动力和激情，营造高校内部公平、公正、民主的氛围。

（二）角色创新是人力资源管理创新的表现

传统的人力资源管理在高校中处于配角地位。知识经济时代人力资源地位发生根本的转变，未来人力资源管理将在高校中扮演着以下重要角色：

1. 战略伙伴角色

过去人力资源管理是高校发展战略的被动接受者，高校发展战略决策的制定很少需要人力资源管理者的参与，这往往造成高校人才队伍的提供与培养不能满足高校长期发展的需要。为解决与战略计划割裂的问题，人力资源管理将扮演新的角色，即成为高校战略的制定者和推行者，为实现高校目标制订并实施前瞻性的人力资源战略规划，将人力资源管理与高校战略目标联系起来，以改进教职工绩效与组织绩效。

2. 变革推动者角色

在日新月异的市场环境中，高校成败的关键在于能否主动变革，发现经营问题，提出创新构想。人力资源管理已不仅仅是人力资源管理部门的责任,而是全体教职工及全体管理者的义务。因此,高校人力资源管理扮演变革推动者角色具有很好的高校内部基础,易于提出推进变革的行动纲领,主导高校各个层次进行有效变革的计划和应对措施,进一步克服变革阻力,推动、帮助各层管理者承担高校的变革。

(三)职能创新是人力资源管理创新的实质

为应对全球化的挑战,高校人力资源管理职能需要有新的发展与创新,在对其进行重新定位的基础上实现以下转变:

1. 激励与整合高校人才资源的功能

人力资源管理的一个重要职能是设计各种激励机制,包括报偿机制、成就机制、机会机制等,建立以激励为导向的管理功能激励教职工,通过有效的沟通激发教职工潜能,完成高校内部人力资源整合使高校人才配置达到最优。

2. 高校文化整合职能

高校教职工来自不同的地区,具有不同的文化教育和专业背景,必然具有不同的价值观念、态度和行为,教职工间文化教育水平的差异需要有不同的管理观念和管理方法。为更有效地管理高校,提高高校运行效率,必须通过人力资源管理的培训来减少高校教职工之间的摩擦,使高等教育面向国际,构建跨文化管理战略,实现成功的跨国合作与经营。

3. 注重教职工职业生涯的发展

如何才能留住人才,使之真正发挥作用,为学校尽心尽力,同舟共济呢?一个切实可行的办法是学校参与人才职业生涯规划的指导和管理。当然职业生涯规划更多的是个人的事情,是谋求自我发展的个人设计,但学校管理部门可以通过一定的辅助措施加以指导,使个人能按照学校的要求与规范谋求个人的成长和发展。这里,关键是要为人才的成长和发展提供一个舞台,让其能够施展才华,实现自我价值,同时给予帮助和及时引导,让其能够找到一条科学而合理的成长之路,把自己的全部身心融入学校的事业发展中,奉献全部智慧。人才要谋求个人职业发展,关键是一个不断提升自我的过程,因此,按照努力把高校建成一个高素质、高水平的学习型组织的新思路和新要求,依据学校事业的发展目标与各种人才的个性特长和比较优势,提供不同的培训进修和对外学术交流的机会及有利的创业环境，是学校开发人力资源潜力的有效手段。特别是面对经济、政治、文化全球化和高新技术迅猛发展的新趋势，利用人才现有能量不断开发人才潜能和能量增量，在提升个人能力的同时，也使学校事业得到一个大的发展，这才是真正的人力资源管理方向。

（四）文化创新是人力资源管理创新的源泉

高校人力资源管理是高校文化的维护者，以优秀的高校文化吸引人和激励人是高校成功经营的关键。文化创新直接影响教职工的观念意识和思维方式，并制约教职工的行为，是人力资源管理创新的根本动力。

1. 建立与时俱进的学习型创新文化

最大限度地发挥教职工潜能，体现人力资源管理的文化创新。学习型高校相对于传统科层制的高校，具有结构扁平化、信息化、开放性的特点。学习型的创新文化以先进的文化理念为核心，充分尊重人的价值，调动每个教职工自主学习的精神、创造潜质和主人翁责任感，在高校内部形成一种强烈的价值认同感和巨大凝聚力，激发教职工的积极性，并通过制度安排，实现教职工在高校统一目标下的自主经营和自我管理，进而形成高校创新的动力和创新型管理方式。

2. 从我国传统文化中汲取营养，是文化创新取之不尽的源泉

高校文化是在各国先进传统文化的基础上的改进，是文化创新成功的范例。博取众家之所长，增强我国高校文化创新的民族性，是人力资源管理文化创新的立足之本。只有造就一个文化创新的良好环境，源远流长的中华优秀传统高校文化与知识经济文化相融合，才能真正提升高校的核心竞争力。

（五）技术创新是人力资源管理创新的工具

信息技术已经渗透到高校管理的每一个环节，技术创新大大提高了人力资源管理的工作效率，是人力资源管理创新的重要手段。

1. 数字化的高校人力资源管理

建立教职工资料数据库，将所有教职工信息都储存到电脑信息管理系统中。数字化从根本上改变了传统的人事档案管理制度，大大减少了传统人力资源管理手工操作的工作量，为人力资源外包的实现提供了技术支持。

2. 网络化的高校人力资源管理

网络化使高校内、外部和职能部门间边界逐步趋于模糊。一方面，高校内部的培训、沟通、薪酬、绩效考评等传统人力资源职能可以在一个信息技术平台上完成，改变了逐级下达的科层模式，实现了高校扁平化；另一方面，网络化使高校与外部信息的交流形式发生了根本变化。网站开发与维护是高校文化建设与高校形象宣传的新工具，是由人力资源管理主导完成的一项新的职能，是人力资源管理技术创新的重要表现。

21世纪是知识经济的时代，体现于人力资本和技术创新的知识是经济发展的核心，更需要有创新意识和强烈创业欲望的领导人才，需要懂科学、善经营、会管理的人才，需要勇于创新、不断进取、兢兢业业的技术人才，人的知识及其创造能力将成为知识经济社会的第一资源，有知识的人将成为社会发展的主流。日益走入社会中心的高校，人力资源管理创新是其管理发展的必然趋势，是知识经济时代人力资源管理人员肩负的义不容辞的职责，是经济全球化、人才国际化的战略选择，更是人力资源管理的神圣使命。高校走人力资源管理创新之路，既要务实，全面把握高校存在的历史和现实问题，把教职工的职业规划逐步从谋生的手段转变为"自我发展和自我满足的需要"，寻找到高校利益与个人利益、眼前利益与长远利益的平衡点与结合点；又要敢于大胆创新，借鉴国内外知名高校和成功高校的先进管理经验，并结合高校的未来发展战略，形成集知识性、前瞻性为一体的工作要点，创造性地开展工作，使高校的人力资源管理创新取得突破性的进展。

第四节　高校人力资源的优化配置

一、人力资源配置的理论基础

（一）人力资源配置的基本内涵

1. 人力资源配置的含义

资源配置，就是社会如何把有限的人力、物力、财力和土地等资源，合理地分配到不同的地区和部门，使它们在社会运行过程中得到最有效的利用。社会资源的配置存在两种基本类型，一是物质资源的配置，二是人力资源的配置。

人力资源配置是在管理学、经济学、人力资源学等学科基础上，形成的一个新的研究领域，将"资源配置"的概念应用于人力资源，是社会发展对人所起到的重要作用的认识的深化。人力资源配置是指市场调控者按价值规律、市场供求情况与主观判断等，将人力资源调配到对其有需求的地方，以实现人力、物力和财力的结合，从而在经济活动中创造价值的过程。

人力资源的配置与物质资源的配置不同，具有其特殊性：

（1）人力资源配置的能动性

物质资源作为物质资源配置的对象，其自身没有能动性，完全是被动的。而人力资源作为人力资源配置的对象，虽然在这种资源配置中，它是作为配置的客体而存在，但是，这个整体本身是有能动性的，正是由于这种能动性，使得人力资源的优化要比物质资源的优化困难得多。

（2）人力资源配置的双向性

因为物质资源的配置是单向的，要实现物质资源的优化，单从资源配置主体方面努力就能够实现。而人力资源的配置是双向的，无论是配置的主体，还是配置的客体都是人，都具有主观能动性，如果主、客体的主观能动性基本正确，并基本适应，则将实现人力资源配置的优化，否则，相反。

由于这两个方面的特殊性，实现人力资源的优化配置，是一项十分复杂而艰难的工程。

2. 人力资源配置的方式

人力资源配置的方式有三种：

（1）计划配置

即根据一定时期经济社会发展目标的要求，通过完全或近乎完全的政府行为，将人力资源分配或安置在特定岗位上的人力资源配置方式。党的十一届三中全会以前，我国基本上照搬了苏联的计划经济体制，来实行各种资源（包括消费品和生产资源）的配置。所有生产要素的配置，基本上都是严格掌握在党和政府有关部门的手中。人力资源的配置也不例外，人员的使用、配备的主要方式是行政安排。在对人力资源进行日常管理工作中，政府除了通过制定政策和管理条例、财政拨款等方式,来对人力资源的配置进行合理引导外,还在一定程度上通过调配对人力资源进行配置。当时,实行这种体制的直接原因是,为了实现充分就业、人口和劳动力资源的快速增长,和以重工业为重点的"赶超型"发展战略的实施。

在这种人力资源配置机制下,用人单位缺乏用人决策权,导致进人的"供""需"两个环节脱节:一方面,用人单位岗位难以找到合适的人选;另一方面,劳动者无条件服从国家分配,没有选择岗位和劳动形式的自由。用人单位的责、权、利相分离,内部缺乏有效的激励、约束机制,由于实行统一的工资制度,没能按劳动力的高低和劳动贡献的大小来分配报酬,大大挫伤、抑制了劳动者的工作积极性。因此,从总体上说,计划经济体制下的行政配置方式所产生的效益是很低下的。

(2) 市场配置

市场配置主要是通过市场对人力资源的需求变化、经济杠杆作用,以及等价交换原则等市场因素,影响和推动人力资源的流动和调整,自动调节人力资源供求关系,实现劳动者与企事业组织配合,使市场对人力资源配置起基础性作用。市场配置区别于行政配置模式的关键在于,后者是组织根据工作需要来变动自己的工作岗位,而前者是员工按照自己的意愿主动变动自己的工作岗位。

市场配置中关键的问题,是建立与完善市场。这种人力资源配置的最终结果体现为劳动合同,劳动合同制约着供求双方,劳动者从计划经济体制下的固定工转变为合同工,有利于形成"能者上,庸者下"的竞争机制。劳动力价格作为引导劳动者流向的首要关键信号,促使人力资源跨国界、跨地区、跨行业、跨部门进行流通,从人力众多的地方流向少的地方,从闲置的地方流向急需的地方,从效益差的地方流向效益好的地方,促进人力供求关系的平衡。

从宏观和长远的角度看,市场配置方式也存在致命的缺陷。例如,短期内的市场发展要求可能会使人才集中于某些"热门"的行业或岗位,而那些对国民经济长远发展具有决定或不可忽视作用的相对"冷僻"行业或岗位,则很少有人甚至无人问津,这将导致这些行业与岗位的人员长期空缺。并且在经济发达的省份和地区,会因人才大量过剩,而使部分人大材小用，甚至不用；而在经济欠发达或落后的省份和地区，人才稀缺成为其发展的"瓶颈"，从而最终影响经济的增长和社会发展的全局。

(3) 计划与市场相结合的配置

即对于一些可以通过利益机制调节人力资源流向的领域，可以采用市场机制配置的方式，而对于一些不能完全通过利益机制进行调节的领域，可以适当采取计划与市场结合配置的方式。

3. 人力资源配置的目标

人力资源配置的总体目标是，要使得全局的经济、社会综合效益达到最优，具体体现为人力投入结构的优化。人力投入结构可以分为以下几个方面：

(1) 地区结构

即人力资源、人力投入在地域间的分配结构。例如，在全国范围内，可以表现为人力投入在东、中、西部的配置结构，在农村和城市间的配置结构，在各省、市、自治区之间的配置结构，等等。

(2) 行业部门结构

即人力资源、人力投入在各行业之间的配置结构，在工、农、商、建、运等国民经济不同领域之间的配置结构，以及在企业、科研单位、大专院校之间的配置结构等。

(3) 学科结构

从较大的层面上，表现为人力资源在基础研究、应用、开发研究之间的配置结构，在具体学科上，表现为数理科学、化学与化学工程科学、生命科学、地球科学、工程与材料科学、信息科学、软科学等诸领域，或更具体的学科之间的配置。

(4) 隶属关系结构

在这里主要是针对单位的隶属关系而言，即人力资源在中央属、地方属和其他性质的单位之间的配置结构。

任何事物都是质和量的统一，人力资源的配置也不例外。

从量的角度来看，人力资源的配置就是在全社会范围内，按比例分配人力资源，力争使整个社会人力资源有适当的数量比例关系，从而使整个社会有计划、按比例地有序发展。

从质的角度来看，要努力提高人力资源配置效益，实现人力资源配置的优化。

人力资源的优化配置，从某种意义上讲，就是调整和改善人力资源的空间关系。这种空间关系包括两个方面的基本内容：一是人力资源与物质资源的空间关系；二是人力资源之间的空间关系。

通过调整和改善人与物质资源的空间关系，达到人与物的有机结合，从而实现能岗配置，这是人力资源优化配置的基本内容之一，也是其初级目标。

以能岗配置为基础，通过调整人力资源之间的关系，达到人与人的相互协调、互补，从而建立和谐、共进的人际关系环境，这是人力资源优化配置的又一基本内容，也是其高级目标。

4. 人力资源配置的原理

（1）系统原理

系统是由若干相互联系、相互作用的部分组成的，具有特定功能的有机整体。自然界和人类社会的一切事物都具有系统的属性。每一个系统都是由若干子系统（或子系要素）构成的，这些子系之间相互联系、相互作用且服从于共同的目标，从而构成统一的整体。

比如，一所大学通常由教学子系统、科研子系统、管理子系统、后勤服务子系统等构成。它们相互配合，共同实现培养人才的统一目标。

在实现人力资源优化配置时，应遵循系统原理，注重人力资源系统的整体性、层次性、弹性与适应性，即：使得系统的各个子系统不但有相互联系的一面，也有各自的地位与作用。整体的统一，靠多层子系统的分工与协作来实现；整体的效能，靠多层子系统各自作用及其综合而发挥；整体的优化，靠多层子系统的最佳组合而达到。每一个人力资源系统内部的多个子系统，都处在动态的发展变化中，系统所处的外部环境也在变化中，具有适应环境的能力，是人力资源系统得以生存和发展的重要原因之一，系统动态适应性越强，其生命力就越强。

（2）均衡协同原理

所谓均衡协同原理有双重含义：

一是要求人力资源子系统不存在局部的过剩与短缺，而这又取决于是否存在使人力资源由过剩的子系统向短缺的子系统流动，或两者进行整合的机制。

二是在同一子系统内，不同人力资源之间应实现协调，尽量消除在同一子系统内，某一要素相对短缺，而另一要素相对过剩的现象。

（3）流动性原理

在大多数情况下，人力资源的配置，往往不能达到等边际效益这一理想状态，从而人力资源必须实现流动。其流动方向是从边际效益较低的领域流向边际效益较高的领域。如果这种流动由于某种原因受阻，便会影响人力资源配置的效益。

影响人力资源流动的因素，主要有人力资源管理体制方面的因素，以及利益不对称因素：在人力资源管理体制方面，主要有各种人力资源的隶属关系，人才的部门所有，等等，具有不完全流动性。

而利益不对称，则主要针对人力资源，是由于多种原因，使得人才所做的贡献与其所获利益（广义的利益，包括物质和精神方面的）不完全对称，从而使得人员难以由于利益驱动而在部门间进行充分即时流动。

（4）增量带动存量原理

在人力资源的再配置过程中，一是可以对人力资源存量进行再配置，但这种再配置由于受到流动性有限的影响而缺乏灵活性，从而使得通过对存量的调整来实现人力资源的再配置具有一定的困难性；二是可以通过对人力资源增量的调整，来改变人力资源的配置结构，但是，要充分发挥增量调节的效果，则还需要通过充分运用增量对存量的引发作用，来发挥存量的作用。

（5）效益原理

以较少的人力投入获得较大的有效产出，即对效益的追求，是人力资源管理活动永恒的主题。效益包括经济效益和社会效益两个方面。

通常经济效益比较直观，可直接运用若干经济指标来计算和考核。

而社会效益具有间接性，难以完全量化。不同性质的人力资源组织对经济效益或社会效益的追求目标有所不同。但是，总体来讲，在人力资源配置中，应努力追求经济效益与社会效益的有机结合。追求效益应成为人力资源管理活动的出发点与归宿，效益是人力资源管理活动结果的体现。

5. 高校人力资源优化配置的内涵

所谓高校人力资源的优化配置，就是围绕高校自身的办学定位和发展目标，构建起精简高效的学校组织框架，在此框架下优化人力资源组合，最大限度地发挥人力资源在人才培养和科学研究中的作用。

根据这一定义，我们可以看到，高校人力资源的优化配置，主要包括三个方面的内容：

一是围绕学校的办学定位和发展目标，建立起以精简高效为特征的学校组织机构，以此作为人力资源配置的框架。

二是在精简高效的组织框架里，根据组成人力资源的各个个体的长处和特点，合理组合和调配人力资源。

三是在合理组合调配的基础上，最大限度地发挥人力资源的作用，最大限度地使用人力资源，充分调动每个自然人工作的积极性、创造性、主观能动性和工作热情。

(1) 精简高效的组织机构，是高校人力资源优化配置的基本保障

高校的组织机构是支撑高校完成人才培养、开展知识创新和科技创新的系统，是高校的"骨骼"，是高校人力资源实现配置的框架。有了组织机构，高校工作才能运转，人力资源才有配置的去处。

高校组织机构的设立是人力资源配置的前提，高校组织机构设立的科学与否，对人力资源的优化配置起着相当重要的作用。然而，这种作用常常没有引起人们的足够重视。

其实，人力资源的优化配置，不仅要求高校各个具体的组织机构中，人员要精干高效，更要求各个组织机构构成的系统，是一个精干高效的系统。系统中的每一个机构目标一致、职责明确、工作思路清晰，系统内部各部门之间没有能量的内耗。

这种组织系统应当有利于高校多培养人才，多培养高质量的人才，应当有利于高校科学研究多出成果，应当有利于高等教育的产出。只有真正建立了这样的组织机构系统，高校人力资源的优化配置才有保障，才能为高校人力资源的优化配置构成一个合理的组织框架。因此，如何根据高校的目标任务建立起科学合理、精干高效的组织机构，是高校人力

资源优化配置的重要基础工作。

（2）科学合理的人员组合，是高校人力资源优化配置的基本内容

在建立精干高效的组织机构的基础上，高校人力资源优化配置的基本内容，就是将人力资源按照所设机构进行科学合理的组合。人力资源优化配置的目的是使一定的高校人力资源能够对其教育做出尽量大的贡献。由于高校内部不同的组织机构对教育产出所产生的作用方式不同，对在不同机构中工作的每一个自然人的能力要求侧重点也不相同。因此，同一个人在不同的部门里工作，所能产生的作用也就不同。也就是说，同样的人力资源，组合的方式不同，对高等教育产出所做的贡献程度会有较大的差异。人力资源优化配置的基本要求，就是在形成了精干高效的组织框架之后，科学合理地安排人员，科学合理地对高校人力资源进行组合，使得优化组合后的人力资源，能够在人才培养过程中产生的作用更大，更有利于培养高质量人才，形成更高的教育产出。

（3）最大限度地发挥每一个人的作用，是高校人力资源优化配置的最终目标

人力资源优化配置的最终目标是，在合理设置精干高效的组织机构和科学合理的人员配置之后，最大限度地发挥每一个自然人的作用。正如前面所分析的那样，高校的人力资源具有很强的主观能动性、创造性，以及再生性，只要配置得当、机制合理、激励有力，高校的人力资源将在高层次人才培养和科学研究中发挥巨大的作用。反之，如果没有有效的激励机制，没有充分调动起高校广大教职工的主观能动性和创造性，没有让高校教师充分施展才能，即使高校有了精干的组织机构和合理地人员组合，也没有真正实现人力资源优化配置的目的。应当说，在建立了精干的组织机构和合理的配置人员之后，充分施展每一个教职工的才干，充分挖掘每一个教职工的潜能，是高校人力资源优化配置的最终落脚点。

6.高校人力资源优化配置的基本原则

（1）最低岗位数量原则

所谓最低岗位数量，就是要求学校的任何一个组织单位，其岗位数量应限制为能有效地完成任务所需岗位的最低数，使每个岗位的工作量满负荷。最低岗位数量原则有两个方面的基本要求：一是要求一定的岗位数量能有效地完成任务；二是要求在完成任务的前提

下,岗位数量要最低。最低岗位数量原则,保证了一个组织以最少的耗费获得最大的效益。

(2) 因事择人原则

所谓因事择人,就是以事业的需要为出发点,根据岗位的需要和岗位对人员的资格要求来选择人员。坚持因事择人的原则,从实际岗位的需要出发,去选用合适的人员,才能实现事得其人、人适其事。

反之,如果因人设事,为了安排人而设立不必要的岗位,就会造成岗位虚设,机构臃肿,人浮于事,工作效率低下,用人成本增加。

(3) 用人所长原则

高校的部门和岗位有不同类型,有教学、科研、管理、教辅等。而作为高校人力资源中的个体,每一个自然人都有自己的专长和特点。

所谓用人所长,就是尽可能将每一个人所具有的长处与部门和岗位所需要的特殊能力结合起来,将每个人配置在最有利于发挥自身特长的岗位,使每一个人所在的部门与岗位,是最能发挥自己作用、最能施展自己才干的地方。

(4) 德才兼备原则

德才兼备是高校很重要的一条用人标准。

社会主义的高校培养的不仅是在某一专业领域接受过高等教育的专门人才,同时,也必须是有理想、有道德、有文化、有纪律的德智体美全面发展的社会主义事业的合格建设者和可靠接班人。这是社会主义高校内在的必然要求。因此,社会主义高校的工作人员,尤其是教师和管理人员,必须具备德才兼备的素质。这一素质直接关系到人才培养的质量。

(5) 激励原则

人力资源作为一种特殊的资源,其作用的发挥与人的主观因素有密切关系。要充分发挥高校人力资源的作用,必须建立有效的激励机制,去充分调动人员的积极性。要通过各种激励措施,使高校的全体教职工形成高昂的士气、较强的凝聚力、高度的工作热情。

只有这样,高校人力资源所具有的特殊的创造性和再生性才能得以充分发挥,人力资源的价值才能最大限度地得以实现。

（6）继续教育原则

高校人力资源优化配置的目的就是，使高校一定量的人力资源投入能够形成更高的教育产出。高校人才培养质量与科研成果的多少，都是高等教育产出的重要指标。人才培养质量的高低与科研成果的多少，取决于高校教师的水平。由于我们所处的时代是科学技术快速发展、日新月异的时代，知识更新速度非常之快，因此，我们要重视高校教师的继续教育。只有这样，才不会使高校人力资源因其时效性而产生"贬值"，才能使高校的人力资源投入有高效的教育产出。

（二）高校人力资源优化配置的程序和方法

高校人力资源优化配置可划分为两个层次。

一是执行性人力资源配置，即高校例行的人事安排工作。这一层次的人力资源配置，侧重于对现有人员的组织管理。

二是规划性人力资源配置，即着眼于高校中长期发展计划。这一层次的人力资源配置，是根据高校因外部环境变化和自身发展战略的改变而进行的人力资源预测与需求规划，其目的是，使高校人力资源配置能符合高校组织发展的需求，这是人力资源配置研究的重心，对高校人力资源优化配置程序和方法的探讨，也主要是针对这类配置而言的。

1. 高校人力资源优化配置的基础分析

（1）高校系统分析

第一，高校整体的现状说明，包括高校类型、层次、规模、管理、办学水平和历史沿革。

第二，高校组织结构的分析，包括高校各组成部分的内涵、关系，以及高校工作岗位分工和不同岗位之间的相互替代关系。

第三，高校发展目标和趋势分析。

（2）高校发展目标的确定

主要包括对原有目标的可行性分析。对以原有目标为依据进行人力资源配置的结果进行分析，并对各种可能的目标方案进行评价。明确人力资源配置研究所确定的主要目标内涵。

(3) 高校人力资源优化配置所依据的定量化指标分析

主要包括反映高校规模、层次的指标及其统计分析，反映高校教学科研水平的指标及其统计分析，反映高校人力资源现状的指标及其统计分析。

2. 高校人力资源需求模型分析

人力资源总量需求预测，是整个人力资源需求分析的基础，应将定量、定性分析有机地结合起来。高校人力资源需求分析方法是多种多样的，在选用具体方法时，应兼顾适用性和可行性等不同方面。

一般来说，应选择在预测领域内相对成熟、应用较广泛的方法，还应考虑如下几个方面的因素：方法应用的目的和范围是否适当；方法应用的各种条件是否具备；方法应用结果是否反映未来的发展趋势。

通过模型求解得到高校人力资源总量需求结果后，应进一步对高校各类别人力资源进行需求分析，特别是应对关键人才的需求进行分析，以体现人力资源优化配置首先"抓关键"的指导思想。分析高校关键人才的需求，须首先确定关键人才的范围，然后可以从不同的角度采用合适的方法进行需求分析，如可以教学骨干或科研骨干为基础提出关键人才结构分析模型，等等，在此不再赘述。

3. 高校人力资源规划

在实现高校人力资源优化配置的过程中，人力资源规划是重要一环。高校人事管理部门必须对高校人力资源的需求、供给进行预测，力求达到人力资源供求平衡。

(1) 高校人力资源规划的含义

高校人力资源规划概念有广义和狭义之分。

广义的人力资源规划，是指根据高校在国家宏观政策指导下制定的发展战略，及高校内外环境的变化，运用科学的方法预测未来的组织任务和环境对高校的要求，为完成这些任务和满足这些要求而提供人力资源的过程。简单地说，人力资源规划即指进行人力资源供需预测，制定相应的政策和措施，从而使供求达到平衡的过程。

狭义的高校人力资源规划，是指具体地提供人力资源的行动计划。其具体内容：一是需求的岗位职数，拟招聘人员计划；二是人员使用计划；三是员工培训计划；四是拟退休人员计划等。

狭义的高校人力资源规划是广义的人力资源规划的一个组成部分，本书所研究的主要是广义的人力资源规划。

（2）高校人力资源规划的目标

高校人力资源规划的目标是确保高校在适当的时间和不同的岗位获得适当的人力资源（包括数量、质量、层次和结构等）。一方面，在有计划实施高校发展规划的前提条件下，实现人力资源的最佳配置；另一方面，最大限度地开发和利用人力资源潜力，使组织和教职工的需要得到充分满足。

（3）高校人力资源规划的作用

人力资源是所有资源中最宝贵的资源，物力、财力和其他资源，都是通过人的效率来发挥其作用的。因此，人力资源规划在高校发展中起着决定性的作用。在高校人力资源管理中，人力资源规划不仅具有先导性和战略性，还能不断调整人力资源管理的政策和措施，指导人力资源管理活动。它对人员的招聘和选拔、报酬、福利、保险，及人力资源的开发、培训、知识的更新等各种人力资源活动目标与实施步骤，做出了具体而详尽的安排。高校人力资源规划的功能在于：提高人力资源的利用率；降低人才招聘成本；建立人力资源管理体系，有利于人事部门的组织与管理工作；充分利用人才市场信息，满足高校自身对人才的需求；协调不同的人力资源管理计划。

（4）高校人力资源规划的内容

高校人力资源规划主要包括两个层次：

一是人力资源总体规划，是指在有关计划年限内，人力资源管理的总政策、总目标、实施步骤和总预算的安排。

二是人力资源业务计划，包括人员补充计划、分配计划、提升计划、人才开发计划、工资激励计划、保险福利计划、劳动关系计划、退休计划等。人力资源业务计划是总体规划的展开和具体化，每一项业务计划都由目标、任务、政策、步骤及预算等部分构成。这些计划的实施能保证人力资源总体规划目标的实现。

高校人力资源规划主要内容包括人力资源需求预测、人力资源供给预测及供需综合调控平衡政策与措施三项工作。

4. 高校人力资源供求预测

（1）高校人力资源需求预测

对高校人力资源的需求预测，主要是以高校的发展战略目标和工作为依据，综合考虑各种因素的影响，对学校未来人力资源需求的数量、质量和时间进行估计的活动。

人力资源需求的影响因素主要有三大类：高校外部环境；高校内部环境；人力资源自身状况。

很多高校在预测人力资源需求量时，往往根据主观臆断来确定人才需求量。在实际工作中，往往是各个主要影响因素，共同决定了高校人力资源需求量，且这些因素与人力资源需求量呈线性关系，所以可采用多元线性回归法来预测高校人力资源需求量。

（2）高校人力资源供给预测

高校人力资源供给预测主要来自两个方面：一是高校内部人力资源供给，如人员晋升、调动等的预测；二是高校外部人员补充的预测。

高校内部人力资源供给是高校人力资源供给的重要来源。高校人力资源需求的满足，应优先考虑内部人员资源供给。

高校内部人力资源供给，应考虑下述三个方面的因素：①高校内部人员的自然流失；②内部流动；③调往外单位。在预测高校内部人力资源供给时，常用的预测方法是马尔可夫模型。马尔可夫模型是全面预测高校内部人员转移，从而预知高校内部人员供给的一种方法。其前提是：高校内部人员有规律地转移，且转移概率有一定的规则。

高校外部人力资源供给预测。由于高校内部的自然减员及办学规模的扩大而形成的职位空缺，不可能完全通过内部供给解决，这必然需要不断地从外部补充人员。

高校外部人力资源供给的来源主要有：①大专院校应届毕业的博士、硕士、学士等毕业生；②留学回国人员；③复转军人；④引进的人才及其配偶；⑤其他组织人员等。

大专院校应届毕业生的供给较为确定，主要集中于每年的6—7月份，其数量、专业、学历和层次等，均可通过各级教育部门获取，预测工作容易。留学回国人员有限，也较易预测。复转军人，一般是由国家指令性安置，也较易预测。对于外单位流入的人才及配偶的预测,则需要考虑诸如社会心理、个人择业心理、学校本身的经济实力及同类高校人员的各种保障、激励因素等。

5. 高校人力资源供求综合调控平衡

高校人力资源供求关系一般可分为三种情况:一是人力资源供大于求;二是人力资源供不应求;三是人力资源供求平衡。人力资源规划的目的就是使人力资源供求达到平衡,当它们处于不平衡状态时,制定相应的政策措施,使高校未来的人力资源供求实现平衡。

(1) 高校人力资源供大于求

高校人力资源过剩,主要表现在行政管理人员过多。高校人力资源管理部门,可对高校内过剩的人员按年龄、知识结构、道德行为进行分类,根据分类情况采用以下举措:

第一,对有培养前途的人员加强培训,充实到教师和教辅队伍中去。

第二,对思想意识特别差、法制观念特别不强、道德行为不规范的员工,实行永久性辞退。

第三,对一些接近退休年龄而未达到退休年龄者,可制定一些优惠政策,鼓励内退或校内退养。

第四,对一部分有管理能力和专业技术的人员,可以鼓励他们到校办产业或后勤服务部门去。

(2) 高校人力资源供不应求

目前,高校面临的主要问题是教学人员短缺、教师缺口大,人力资源管理部门可采取如下做法:从符合条件的管理人员中培训补充;提前预测需求,在大专院校毕业生中招聘;制定相关优惠政策,积极引进优秀人才;在离退休教职工中,选择身体状况良好的返聘到教学岗位;适量增加现有教师的劳动时间和工作量,并制定相应的报酬政策。

(3) 高校人力资源供求平衡

高校人力资源供求完全平衡这种情况是极少见的,原因在于人员的年龄结构、知识结构、技术结构、管理能力等,均处于动态变化的不平衡状况中。因此,仅从理论上说,高校人力资源供求平衡,是学校人力资源规划部门合理地调整人力资源结构,而取得的人力资源的相对供求平衡。

6. 高校教职工的考核

调动人的积极性，是人力资源开发与管理的永恒主题，是实现高校人力资源优化配置的关键环节。基于高校群体的特殊性，要在一般激励理论研究的基础上，构建适合高校的科学合理的奖励、激励机制与考核评价体系。

高校教职工考核，是对高校教职工现任职务的工作业绩和素质能力，以及担任更高一级职务的潜力，进行有组织的、定期的、恰当的、客观的评价。

从考核的概念来看，考核可以分为狭义和广义两种。狭义的考核指对被评教职工完成自己应该完成的任务，以及完成任务的质量和数量的评价。广义的考核除了狭义的内容之外，还包含对教职工潜在的能力和开发潜力的评价。

（1）高校教职工考核的目的

高校教职工考核的目的，是为了调动教职工工作积极性和创造性，最大限度地发挥教职工的潜力，同时以考核结果为依据给予被考核者奖惩。因此，考核的合理与否，深刻地影响着人才能否留住、学校能否稳定、发展战略目标能否实现。它是实现高校人力资源优化配置最重要的环节。

（2）高校教职工考核的作用

考核是公正、公平实行完全聘任制的保证，也是公正、公平实施激励的前提；考核是用统一的标准尺度评价每个教职工的业绩，从而实现选拔优秀人才和可开发人才的重要手段；考核可以激励教职工奋发向上，形成争创先进的积极氛围。人事考核部门可根据考核的结果，对教职工进行必要的奖惩、晋升、调动、培训、辞退，能形成良好的竞争机制。

（3）高校教职工考核的办法

一般来说，目前各高校均有一定的考核办法，但是，效果未必理想。究其原因，一是考核的内容、指标、权重、方法不尽合理；二是考核的结果没有充分发挥作用。

因此，首先要制定科学的考核办法，应根据学校的具体情况，确定考核的内容，制定具体的指标体系，合理确定权重，选择合理的考核方法，重视考核结果的运用。

就考核的内容来说，除了考核教师的基本思想政治素质外，应重点考核教师的知识水平、教学质量、科研能力。

就考核指标体系来说，应根据不同学科、不同类型的教师的具体情况有所区别，合理确定指标体系的权重。

就考核方法来说，一是要将过程考核与结果考核有机结合起来。例如，对教学质量的考核由于没有实行严格的教考分离，加之学生知识能力体现的滞后性，仅凭课程结束时学生考试成绩作为考核的依据，显然不合理，而且加强过程考核，也有利于考核人员改进作风深入基层。

二是除了领导考核外，尤其要重视同行专家的考核。因为同行专家在本学科都有一定的学术造诣和丰富的教学经验，也有一定的政策水平。他们一般都能够对教师做出比较实事求是的评价。

目前，一些高校都设有教学督导组，但专家很难对所有学科的知识都有所了解，即使深入课堂听课，未必对教师的知识能力有较为深入的了解，更多的也许是对教学态度、教学方法、仪容仪表等方面进行考察。因此，应当尽可能将考核组的学科、覆盖面划小，以充分确保专家对熟悉学科教师考核的可靠度。

二、高校人力资源优化配置的评价及对策

（一）高校人力资源优化配置的评价

高校人力资源优化配置评价，是将高校人力资源现状、变动趋势和人力需求结构进行对比分析，从而确定人力需求和人力供给是否平衡的过程。评价是优化配置全过程的重要环节，其内容主要包括如下几个方面：一是对现状变动趋势进行分析，对目标年度的人员供给状况进行分析；二是对需求分析的结果进行评价，确定符合需求的可能的人力资源发展目标；三是将人员供给状况与发展目标进行对比，确定是否存在"人力过剩"或"人力短缺"，包括结构性过剩和结构性短缺，为下一步制定高校人力资源优化配置对策提供依据。

1. 高校人力资源利用率评价的原理与方法

（1）人力资源利用率的概念

人力资源利用率是指人力资源综合效益发挥的程度，在数值上表现为一定时期人力资源所产生的实际综合效益，与其最大可能的综合效益之比。人力资源的综合效益来源于两

方面：即人力资源配置效率和人力资源使用效率。

（2）高校人力资源优化配置的评价指标

国内学者在评价学校人力资源优化配置时，一般以考虑人力资源使用效率为主要内容，并提出若干单项评价指标。

2. 高校人力资源优化配置评价指标的不足及完善

人力资源的利用效率，是反映高校人力资源优化配置的重要方面，但还不是全部。因此，上述评价指标显然存在一些不尽完善的地方。从前面分析情况看，评价高校人力资源优化配置的程度，还应当对高校的机构设置、岗位设置的科学合理程度、人员安排的合理性，以及人力资源在高校人才培养和科学研究方面发挥作用的程度做出评价。

同时，我们也看到，其中有些方面的评价只能定性、难以定量。此外，上述学者设置的"学校人力资源利用率"评价指标，实质上是学校拥有人力资源的相对指标。因此，要全面地评价高校人力资源的优化配置，必须采取定性评价与定量评价相结合、数量评价与质量评价相结合、人力资源评价与人力资源优化配置相结合的实际方法。在定性评价的同时，从高校相对人力资源、高校人力资源的利用率、高校人力资源的效用三个方面，建立评价高校人力资源的优化配置的定量指标。

对高校机构设置和人员安排的科学合理性的评价，主要采取定性分析。定性分析的标准就是看实际情况与前面指出的高校机构与高校人员配置使用的基本原则的相符程度，相符程度越高越好。

（二）高校人力资源优化配置的对策

1. 转变观念，由传统的人事管理转向人力资源开发

在高等学校，人们还是习惯于称之为人事管理。早期的人事工作主要限于人员招聘、选拔、委派、工资发放、档案保管之类较琐细的具体工作，后来逐渐涉及职务岗位的设立和职务职责的制定、拟定绩效考评制度与方法、奖酬制度的设计与管理、人事规章制度的制定、职工培训活动的规划与组织、养老保险和富余人员的流动管理等。

随着市场经济体制的建立和高等学校作为自主办学主体地位的确定，仍沿用过去带有政府人事管理痕迹的高校人事管理体制，则显得有些陈旧。"以人为本"的管理理念是现

代人力资源开发与传统人事管理最根本的区别。在计划经济体制下形成的传统的人事管理，以事为中心，管理活动局限于一系列事务性工作，重事轻人，见事不见人，人力在管理活动中被消极地视为成本。人事工作的这种性质决定了传统的人事部门在整个生产活动中是一个非效益部门，在组织结构中处于执行层的地位。这种以事为中心的管理模式，阻碍了人的积极性的发挥，极大地浪费了人力资源。

当今世界知识经济已成为时代的主旋律，经济发展已进入了以人力资本为依托的发展新阶段，人才成为竞争中争夺的焦点。在这种形势下，人事工作者必须转换观念，树立起"以人为本"的管理理念，由传统的人事管理转向人力资源开发。以人为中心，由消极被动地视人力为成本，转为积极主动地视人力为资本，视人力为最宝贵的资源，通过合理开发可以增值，进而推动经济发展。

人事管理要由单一的事务型管理转为"战略型管理"，重视人力的开发和利用；进行制度创新，建立完善配套的管理体制，使人力资源开发具有良好的制度环境；实施人力资源管理的战略规则，制订系统的人力资源开发计划；建立健全人才流动机制和高效的激励机制，盘活人力资源存量；遵循能位匹配原则，从整体上追求最佳配置方式，以最适合的代替最好的，做到位得其人、人适其位。最终目标是运用合理的管理机制达到人与人之间、人与事之间的最佳配置，以最大限度地发挥人的潜能。

人力资源开发是与社会经济的发展密切相连的。社会经济全方位地发展，必然要求人事工作改变过去的工作方法，由封闭静止的人事管理，转向开放动态式的人力资源开发。现代社会的发展要求人力资源管理日益社会化和信息化，人事管理行为必须适应这一要求。从习惯于行政手段管理过渡到依法管理、依条例管理，改变"暗箱"作业的管理行为，使人事管理活动的各个环节透明化、公开化。

树立服务意识，由以往的被动管理转变为主动服务，完善人事部门的职责，加强服务功能。吸收、借鉴西方现代人事管理方法，把人力资源开发当作一门技术来研究，制定符合本行业职业规范的人才招聘、人才测评、业绩考核、薪金设计、职业生涯设计等人事管理体系，为各级各类人员服务。增强人事管理从业人员的服务意识，改变传统的"门难进、事难办、话难听、脸难看"的现象，面向基层、面向教职工，提高服务质量。

2. 加强师资队伍建设，构建高效优化的教师队伍

高校教师队伍是高等教育事业发展最重要的人力资源。当今世界著名大学的发展，都十分重视教师的领导作用和先导作用，教师的素质成为高校综合实力的第一支柱。

因此，要确立教师在高校办学中的主导地位，建立有效的机制，为教师水平的提高及充分发挥其作用，营造良好的氛围，使教师的能动性和创造性得以充分发挥。

要采取多种形式培养高校教师，努力提高教师队伍的整体水平。随着知识经济时代的到来，人才将作为最重要的生产要素，在国民经济中起着主导作用。因此，新的历史发展时期对高校的师资队伍也提出了更高的要求。选拔培养出素质好、有潜力的跨世纪教师队伍，为他们营造一个良好的学术环境、工作环境和生活环境，促进高校教师队伍整体素质的提高，是当前和今后相当长一个时期内进行师资队伍建设的关键和重点。

要为教师学历的提高创造必要条件，须加强对青年教师的培养，加快青年骨干教师和学术带头人的培养，提高教师的教学水平和科研水平，从而提高高校人力资源的品质。要不断充实和调整教师队伍，优化教师资源配置。在高等教育快速发展时期，高等学校应根据自身的特点，不断地充实教师队伍，积极探索制度创新，改革和调整教学科研组织方式。按照相对稳定、合理流动、专兼结合、资源共享的原则，探索和建立相对稳定的骨干层和出入有序的流动层相结合的教师队伍管理模式和教师资源配置与开发的有效机制。通过多种途径拓宽专兼职教师来源渠道，促进教师资源的合理配置和有效使用。通过有效的体制和机制的变革，最大限度地激发广大教师的积极性。

3. 创建合理有序的高校人才流动机制

人才的合理流动，有助于促进整个社会的人力资源的合理配置，有助于每一个人才最大限度地发挥自己的才能。人才流动既包括人才在一个单位内部的岗位流动，也包括人才在不同单位乃至不同区域之间的流动。

与企业对机器设备等固定资产的投资不同，教育投资是体现在劳动者和专门人才身上的从事复杂劳动的能力。这种蕴含在人体内的劳动能力，只有在最适宜的环境和条件下，才能发挥最大的效用。而市场经济的发展和产业结构的变化，往往也使劳动力和专门人才发挥作用的环境和条件发生变化。这就需要根据这种变化对人力资源进行再配置，通过劳

动力和专门人才的合理流动,来满足经济的发展和变化对各种人才的新需求。当前,在创建合理有序的高校人才流动机制时,应特别注意解决好两个问题。

(1) 调整人才系统结构,避免学术上的近亲繁殖

近亲繁殖是我国高校教师队伍系统结构中长期存在、至今仍未能得到有效解决的一个突出问题。合理的系统结构应是远缘杂交,教师来源多样化。这有利于不同学术风格和思想的相互渗透和竞争,活跃学术空气。近亲繁殖绝非我国高校的独有现象,国外的一些大学也存在类似的问题。但是,它们采取了一些有效的措施,取得了成功的经验。联系我国实际,结合国际经验,我们应该认识到促进人才交流,加快教师流动,为远缘杂交提供必要的土壤和气候的必要性。

(2) 建立人才稳定机制,防止西部高校人才流失

在人才流动中,如何避免高校人才从经济欠发达地区流向经济发达地区,也是当前必须注意的一个问题。实施西部大开发战略,最重要的是人力资源,这不仅对高校人才培养和社会服务提出了新的任务和要求,而且对西部高校自身的人力资源配置提出了新的课题。

首先,国家应进一步加大对西部高等教育的投资,支持西部建设高水平大学,从吸引人才的角度出发,应对西部高校出台新的倾斜政策,建立西部高校教师特殊津贴制度。其次,加快西部高校学科建设的步伐,从根本上解决西部高校的人才流失问题。再次,西部高校自身要牢固树立尊重知识、尊重人才的观念,加快改革步伐,扩大办学规模,优化育人环境,加强西部高校人力资源的开发与建设,形成良好互动关系。

4. 完善工作绩效评价系统,建立有效的竞争激励机制

首先,应建立科学合理的考评指标体系。考评指标体系的建立,既要考虑经济效益,又要兼顾社会效益,既要考虑基础学科,又要兼顾前沿学科,能量化的指标要量化,定性的指标也应以分值求权重对应。

其次,科学地组织考评程序,根据考评指标通过"自我评价—群众测评—基层组织评价—单位考评小组评价—校考评领导小组审核—公布考评结果"等步骤,对全校人力资源进行合理的评价。在每一步的评价中,都应及时将有关信息反馈给个人和基层组织,使考评程序公开化、透明化,做到公平、公正、公开,以便于考评对象不断调整自己、优化自

己，向发展目标接近，从而达到人力资源优化的目标。

再次，建立与考评结合的奖惩机制。学校应该结合考评的结果，建立起考评激励机制，将考评结果与体现个人价值的职称聘任、选拔带头人、个人收入等挂钩，对成绩突出的要重奖，不合格或不能完成任务的，要给予相应的处罚。

建立合理有效的激励机制，应包括三个方面的工作：

①建立公平、合理、具有较强激励作用的分配体系，使个人能力、成果及对学校的贡献作为参加薪金分配的要素，真正体现多种形式的分配制度，使经济杠杆在激励过程中发挥作用。

②建立公平合理的绩效评估体系，由事后考评转向以能力发挥为主的激励或绩效考评。不以完成交代的任务为满足，而以团结协作解决问题为目标，从传统的事后评价转向事前规划，从岗位入手确定衡量绩效的标准，执行反馈，重视交流与讨论。在评价中，除给予合理的绩效评价外，重点应根据个人的工作成果与工作能力，帮助其进行职业规划，建议其应从事的发展项目和晋升途径，以有效地发挥其潜力。

③营造使全体人员都平等参与的具有凝聚力、亲和力的校园文化和学术氛围。注重非智力因素在个人和组织取得成功过程中的重要作用，建立健康向上的群体规范。

（三）对高校人力资源优化配置的建议

经济学中效用与边际效用理论，对高校人力资源优化配置有很重要的指导意义。分析不同类型人力资源的效用和其边际效用，重点投向边际效应大的一方，并促使各类人力资源边际效用趋于相等，这是优化配置高校人力资源的基本理念，也是评价高校人力资源优化配置的基本尺度。

1. 边际效用的两个基本规律

（1）边际效用递减规律

高校在办学过程中，人力资源在某一方面的投入量增加以后，虽然在这一方面的效用和总效用均会有所增加，但在这一方面的边际效用，将随人力资源的继续投入而逐渐降低。

（2）边际效用均衡（相等）时总效用最大规律

当人力资源总投入确定时，要使人力资源投入产生的总效用取得最大值，则须配置人力资源的各个部门的最后一个"单位"人所产生的边际效用应当相等。

2. 效用与边际效用理论的指导意义

效用与边际效用的概念与规律，对高校人力资源的优化配置，在理论上和实践上均具有指导意义。

它告诉我们，高校在科学配置人力资源时，应具有如下的理念：

第一，考虑配置能否形成效用，即是否有利于人力资源优化配置，是否有利于学校事业的发展。有效用，才能有效益。在没有效用或效用不大的方面投入越大，则浪费越大。

第二，人力在学校需要配置到某一部门时，不仅要看配置是否形成效用，还应当重视其边际效用，因为边际效用是投入"单位人力"后形成的效用增益，是体现效益的重要尺度。边际效用大，表明该人力配置在该处较合理，否则就会造成人力资源配置的不合理与人才闲置。

第三，边际效用递减规律告诉我们，在一定条件下，对需要配置人力的每一个方面投入产生的边际效用，均会低于前面投入的边际效用。因此，在对任何一个方面的投入过程中，都要及时将其边际效用与其他方面的边际效用加以比较，并适时地将人力转向边际效用较大的其他方面，以提高配置效益。

第四，人力资源配置时，应该处理好重点与一般的关系。高校人力资源配置的重点，应当是对人才培养、高校功能发挥和高校事业发展至关重要，亟须配置相应人力资源的部门或岗位，因为在这些方面投入边际效用大，效益较多。

第五，由于人力资源的最优配置是使人力在各个方面的最后的"单位投入"所形成的边际效用相等，因此，在人力资源较充足时，高校的人力分配应使须配置的各个方面的边际效用相等，以取得最优化配置。当人力资源不足时，应当采取保证重点兼顾一般的原则，尽可能优化人力资源配置。

边际效用均衡理论，不仅对高校内部优化人力资源有指导意义，宏观上，对教育行政部门合理配置高等教育人力资源同样具有指导意义。因为整个高等教育的人力资源投放，也存在效用、边际效用和总效用的问题。正确认识人才投入的效用、边际效用，自觉地应用边际效用递减规律和总效用最大规律，最大限度地追求人力资源配置的最大效用，对促进我国高等教育快速发展，有着十分重要的意义。

第五章
高校人力资源招聘管理

第一节　高校人力资源招聘

高素质人才是高校发展的主要推动力，目前高校的发展不仅取决于先进的仪器设备、高端的校园硬件设备及充足的财政投入，更取决于学科领域有造诣的专家学者的数量。所以人才的吸收引进已成为各大高校的工作重点。浏览各大高校招聘网站，其招聘条件中无不体现对高学历、名校毕业及海外留学背景的热衷，有些高校甚至把海外留学背景作为定级薪资待遇的条件。此种现象与前些年某些企业过分追求高学历与留洋背景相似，但事实证明高学历、留洋背景并未推动企业的高速发展。那么以人才密集型为特征的高校是否会重蹈企业覆辙？这是一个值得探讨的问题。

一、"转型"解析

我国高等教育已经进入大众化阶段，并继续向普及化高等教育阶段发展。精英教育的模式发生了变化，学生群体的多元价值观对高等教育和高等学校教师产生了影响，高等教育、高等学校和高等学校的学生呼唤新型教师的出现，并对教师的素质、结构等产生了作用力，教师群体逐渐分化。那些适应者留下来继续在高等学校发展，不适应者则离开了高等学校，这是中国高等教育宏观方面的第一个转型。

另一个转型是，随着我国信息化的高速发展，高等学校教师的角色和功能也逐渐发生了重大转变。高等学校教师传播知识的功能逐渐减弱，道德指引和学习促进的功能逐渐强化。"传道、授业、解惑"的传统师道不仅没有丧失生命力，反而在新的社会转型期焕发出新的生机,被赋予新的内涵。"面临着其他信息提供者和社会化机构作用的不断增强,人们期望教师担负起道德指引和教育指引的作用,使学习者能够在大量的信息和不同的价值观中不迷失方向。"教师逐渐成为学习的促进者和道德的指引者。高等学校的教师招聘行为也应该顺应这种变化,注意选拔那些能够促进青年学生道德发展和学习能力发展的候选人进入高等学校,从事教育职业。

第三个转型是,教师招聘行为已成为高等学校这一组织实现其战略目标的重要环节。教师招聘作为高等学校人力资源管理战略的核心,对于高等学校战略目标的实现,以及人力资本的增加都起着越来越重要的作用,人力资源管理也已由以往的行政支配角色转变为高等学校的战略伙伴角色。因此,应该持续深化高等学校人事制度改革,建立真正有效的激励竞争机制,优化教职工队伍的结构。人事制度改革要有利于教师聘用由身份管理向岗位管理转变,由高等学校行政管理向法制管理转变,由行政任用关系向平等协商的合同聘用关系转变,由微观的人事管理向宏观微观相结合的人力资源战略管理转变。

要使一流的高等学校具有一流的教师队伍,首要的和基本的关口是教师招聘环节。教师招聘应该放眼国内乃至世界,力争引进国内乃至世界一流的教师和研究生,不要只局限在本省、本自治区或本直辖市范围内,更不能大量留用本校的毕业生(除非经过公开公正公平竞争表明本校的毕业生确实更优秀)。无数事实证明,高等学校教职工队伍的学缘多元化是高等学校活力的源泉。至于招聘对象的毕业学校是否有层次上的要求,如是否必须出自"985工程""211工程"的高等学校,是否必须出自世界名校,则要根据招聘学校的层次和招聘岗位的具体要求来确定。但归根结底,招聘对象的能力和水平是最终的衡量尺度。虽然有的企业招聘高等学校毕业生时很刻板,必须是某些名牌学校的毕业生才会纳入其招聘的视野之内,但"英雄不问出身",教师招聘既然是一种人才选拔活动,"血统"、出身不会不考虑,而务实才是最重要的。

二、招聘权的行使

招聘权的行使目前主要有两种模式:一是分权式,由学院等具体用人部门提出人选,由学校决定是否聘用,具体用人部门的意见具有相当的影响力;二是集权式,具体用人部门的权力是虚的,实际的决定权在学校。两种模式都有弊端。

分权式的后果是,由于害怕新来者的超越和竞争,往往拒绝引进能力水平比自己高的候选人,形成"万马齐喑"或者只愿意引进"拜倒和臣服"在已经形成的学术权威下的候选人。集权式的后果是,由于精力有限,往往不太可能陷入烦琐的招聘事务中,结果造成细节上的较多漏洞。为此本书建议,大量的前期工作由专业的服务公司负责操作,学校的招聘委员会只在决策阶段进行参与和最终拍板。招聘委员会的组成人员应该既有学校内部的专家,也有学校外部的专家;既有本学科的专家,也要有教育专家、心理学专家和人力资源管理专家。无论什么模式,招聘人员的专业眼光和道德水准必须是一流的。

三、高校人才招聘现状

(一)注重高学历

某些高校招聘条件让人望而生畏,我们首先来看一个案例:某校招聘保卫处干事1名,男性、党员、应届硕士毕业生,学生干部优先,年龄30岁以下,专业不限。我们在调研中发现,竟然有42名应届硕士生投了简历,最后符合条件并参加面试的有25人。当前随着对教学科研人员要求提高,对教辅人员要求也有水涨船高之趋势。造成这种现象的原因主要有以下三个方面:一是由于前些年大学扩招的影响,导致高学历人才供给高于需求,尤其在高校相对密集的大城市如北京、上海等热点地区;二是受传统思想的束缚,认为进入高校工作似乎更显高雅、更有保障;三是当前高校测评中把教职工整体学历作为重要的考核指标之一,导致高校招聘盲目倾向高学历,忽略了人员结构的梯度问题。

(二)避免"近亲繁殖"

这种留任制度首先在西方发达国家盛行,例如,哈佛大学为保持学校声誉,博采众家之长,明文规定本校应届毕业生不论学历高低,不论优秀与否,一旦毕业必须离校,不予留任。近年来,国内很多高校在人才招聘过程中也引用此种模式,例如,北京大学、清华大学等名校招聘启事上已明确原则上不留本校毕业生。

（三）注重结构化面试

注重结构化面试是应聘者与用人单位之间面对面近距离交谈的一种方式。面试过程中可以通过观察应聘者对问题的回答，全面考查其知识面、科研水平、思维活跃性及口头表达能力，还可以通过观察其临场表现，了解其应变能力、个人气质及情绪控制力。因此，面试成为各高校人才招聘的重要方法之一。但是，传统面试由于受考官能力、见识、素质、经验及个人喜好等因素限制，缺乏规范，影响面试质量。解决传统面试的不足，要求高校人力资源管理者具有现代人才管理知识，运用科学方法和手段，规范程序，对人力资源进行测评。随着结构化面试在企事业单位中的成功运用，近年来，这种面试方式也被借鉴到高校人才招聘中。结构化面试过程中相同职位设立相同的面试题目，并统一制定面试的形式、内容、程序及评分标准。

第二节 高校人力资源的招聘流程与聘任制

一、招聘的程序

招聘程序和招聘规则应向著名的高等学校学习，招聘的标准和要求要高，要打破近亲繁殖和任人唯亲。招聘的程序应该秉承和坚守这样的原则：公正透明和富有竞争性。

比如，要招聘一个全职的教员，不管等级如何，都要从最起步的助理教授开始。为了保证招聘过程的公正、透明和富有竞争性，连招聘的广告也须由"招聘委员会"开会讨论，逐字逐条定出对应聘教员的学术要求，如资历的深浅和研究的方向，而且要讲清楚本校对应聘教员的期待是什么，等等。因为这牵涉到学校的大门向谁打开、打开多大。此外，招聘广告还须用英文、中文同时刊登，刊登广告的报刊也必须既有地方性的也要有全球性的。这样做的重要性在于，尽量使招聘新教员的过程少受既得利益的干扰，尽可能地把招纳人才的大门开得既透明又广阔。香港科大招聘教员，中文的广告须在香港最重要的两家报刊登出，而且规定至少要登几次。

招聘委员会是教师招聘行为的最重要的主体，它以合议为工作方式，决策由集体完成，通过投票决定是否聘用教师，从而防止由于个别成员的因素影响招聘的结果，最大限度地保证了教师招聘的质量。在具体运作上借鉴了企业招聘的外包制，即把大量的人力资源行政性事务，如薪金发放、福利管理、招聘选拔和日常培训，外包给专业服务公司或咨询公司。通过外包这种形式，不仅可以提高人力资源服务的效率，降低成本，而且能将更多的时间、精力投入到人力资源战略的制定、发展和实践上。

二、招聘的标准和要求

招聘的标准和要求应该根据学校的定位、特色和学科布局等来斟酌确定，不可一味拔高。一般可以分为资深教师和资浅教师两类实施招聘行为。在某些特定的情况下，也可以采用别的标准。尽管这样，高等学校的教师招聘行为仍然有着许多共同的要求。

（一）共同要求

学历要达标，至少应为硕士学位，这点教育部是有明文规定的。但很多高等学校在某些紧俏专业上引进不到硕士生以上的人才，只好降格引进本科生充实教师队伍；还有的通过调动引进非应届毕业生，他们当中虽然有的职称较高，但学历却较低。这些学历不达标者，表面上看是"本本"不合要求，实际上是本学科知识深度与广度、科研素养与能力的不合要求，因而能否承担对本科生的教育指引任务还是问题。

职业意识、职业道德和教育观也是一项重要要求。教师是一种非常特殊的职业，它的特殊之处在于其工作对象是人，是活生生的人，因而，教师职业不是学识和教养达标者就能胜任的。教师职业要求从业者有强烈的职业意识、博大的爱心、对人的深刻理解、坚定的正义公平信念和永不消退的对人及社会的责任感。这一点，无论是资深教师还是资浅教师要求都是一样的。

应该承认，市场经济加速了高等学校的世俗化和功利性，高等学校的圣洁、纯粹和唯美的秉性似乎离我们越来越远。"越来越多的人把高等学校看成是学生获取文凭和教授获得职位的地方，所有的学术性工作与国家最急迫的公民、社会、经济和道德问题似乎都不相干。"在这样的环境中，想招聘到素质较高的适应高校工作的教师，往往成本较高。高等学校教师的整体学历不断提高，但是整体素养和教师风范、道德水准、人格力量却逐渐下降。目前，我国对教师职业的准入没有统一、权威的考试制度。

目前，高等学校引进的毕业生几乎全是上岗后才参加教师资格考试，这是明显不合逻辑的现象。并且，根据我们的调查，教师资格考试的权威性低，几乎没有通过不了的。建议教育行政主管部门应定期进行执法，不具备教师资格而从事教师职业的应该以违法论处。教师培训内容包括：第一，对任教学科的掌握；第二，在教师作用发挥以及在多样化的教和学的情景中，对教学策略的掌握；第三，对终身教育的强烈兴趣；第四，创新能力和在小组中工作的能力；第五，对职业伦理的遵守。而我们目前的教师职前培训是比较"软"的。

（二）资深教师

资深教师要身正、学高、领导力卓越。涉及学术人员的政策和做法应该坚持明确的学术标准和鲜明的道德标准，在招聘和晋级工作中尤应如此。

2004年8月，教育部发布了新中国成立以来的第一部《高等学校哲学社会科学研究学术规范（试行）》（以下简称《规范》）。《规范》对高等学校哲学社会科学研究的基本规范、学术引文规范、学术成果规范、学术评价规范和学术批评规范都做了明确的规定。这对明确学术要求、保证学术质量、维护学术尊严、纯化学术环境都具有重要作用。既比较全面地涉及了学术规范的方方面面，又具有现实的针对性。例如，《规范》对引文问题做出明确规定："引文应以原始文献和第一手资料为原则。凡引用他人观点、方案、资料、数据等，无论曾否发表，无论是纸质或电子版，均应详加注释。凡转引文献资料，应如实说明。"作为资深教师，首先是治学严谨、遵守学术道德规范的教师，然后是学术水平高、学术成果丰硕的教师。在当代科学技术环境下，他还必须具备领导学术梯队、组织团队开展科学研究和教学改革的能力。

（三）资浅教师

资浅教师一般来讲学术成果比较少，学术水平也比较低，高等学校引进他们主要是为了缓解教师总量偏少的压力，降低生师比，因此，对这类教师的教学基本功和教学能力的要求要高一些。那些语言表达能力太差、无法胜任课堂教学的候选人不宜引进。如果他们不太适合教学但学术潜力较大，也可以作为人才加以储备，这要看是否有利于优化高等学校的学科专业布局和加快战略目标的实现。

为了提高普通高等学校的办学效益，在教育部的总体部署和安排下，按照"共建、调整、合作、合并"的八字方针，自1992年开始对普通高校进行了新一轮的合并，1999年，国家教育部颁布实施了《面向21世纪教育振兴行动计划》以推动高等教育的发展，随之出现高校合并、共建、合作办学等新的办学模式，特别是高校合并，它一方面实现了强强联合，改变了高校间的竞争结构，但同时也加剧了高校机构臃肿、人浮于事、责权不分等问题，严重影响教育资源利用效率。各高校特别是教育部直属高校根据自身实际，制定了以聘任制改革为核心的相应措施。但受观念、环境以及高校自身原因的制约，从许多高校的探索和实践来看，并未达到实施聘任制的初衷，仍然存在这样那样的问题。

三、当前高校聘任制改革面临的问题

认识上的误区。认为"职务即职称""评上、聘上即终身制"，习惯"平均主义""论资排辈"。由于长期以来职称评定带来的弊端，使得重资历、讲年头、轻水平、忽视能力的现象普遍存在，从而不利于青年教师和优秀人才脱颖而出。岗位意识淡薄。多年来，许多教师仍把职称当成指挥棒和唯一的奋斗目标，认为够水平就要评职称，不论职务岗位是否需要。这就使得有的学科中的教师职务结构比例严重失调，这既不利于学科的建设和发展，也不利于调动青年教师的积极性和创造性。遴选机制缺失。首先，遴选权分配失衡。目前，我国高校中行政权力过于膨胀，学术权力相对弱化。学术组织仅参与遴选过程，而没有最终决定权，决定权在于行政组织，而行政组织最终决定人选不具备专业性。其次，遴选程序不规范。程序未完全公开，过程随意性强，缺乏透明度。再次，高校教师队伍中"近亲繁殖"，高校毕业生"自产自销"等现象普遍存在。这既不利于知识创新，也容易引起门派之争，从而会损害学术的公正性。考核体系不健全。许多高校普遍存在评价理念混乱、评价内容简单、评价标准单一、评价导向偏差、考核方法过于简单化、注重短期效益而忽视教师劳动的特点和职业的特性等问题。

四、阻碍高校聘用制改革的原因分析

（一）观念滞后

1. 依赖思想严重

高校主要是由政府出资，国家包办，未真正成为面向社会依法自主办学的法人实体。受计划经济体制下"等、靠、要"思想的影响，高校的办学自主权不强。职工很大程度上依赖学校，缺乏竞争压力，工作动力不足，其积极性和主动性得不到充分发挥，高校人力资源严重浪费。

2. "官本位"意识普遍存在

"官本位"意识的存在使高校人事过分注重"身份管理"，导致职务与职责分离，但又与待遇挂钩，造成教职工过分追求个人身份，在得到了某一级"职称"或"职务"后积极性不足，在其位不谋其职。

3. "平均主义"观念根深蒂固

高校评优"轮流坐庄"，收入分配"存量不变，增量按职务增加，增资面前人人有份"，这些做法形成新的"平均主义"，在收入分配上难以体现水平、贡献和业绩的差别，有违奖优罚劣、奖勤罚懒的原则。

（二）制度缺失

制度性障碍是高校聘任制度改革步履艰难的又一重要原因。

1. 社会保障制度不完善

我国企业职工已建立了地方性的社会保障，而事业单位目前还没有一个指导性的意见，更没有明确的方案，医疗保险也只在部分地区试行，且做法不尽一致。高校没有社会保障体系做后盾，实施聘任制过程中的落聘人员当然不能推向社会，只能在单位内部消化，这既给单位带来压力，也给社会造成不稳定因素。

2. 专门性法规缺位

尽管国家出台的很多法规对高校教师聘任做出了相关规定，但近年来，高校人事制度改革并没有很好地建立起"能进能出，能上能下"的良性用人机制。高校劳动关系的"市场化，契约化"仍带有浓厚的行政色彩，真正公平、竞争、平等、自由的用人机制未真正形成。高校人事制度缺乏法律机制的保证,教师与高校之间的聘任合同缺乏法律基础,教师聘任中的纠纷缺少法律解决途径。可能导致的人事争议会越来越多,学校面临的被诉讼的风险也越来越大。这客观地给高校教师实行合同管理带来了一定的难度。另外,我国目前还没有统一法定的聘任制实施细则,各高校在实际操作中无章可循,多只根据本校实际情况自行制定相关制度,这样做虽然可以让高校在聘任过程中能更多考虑本校实际,因地制宜地开展人事工作,但也为一些人钻制度的空子提供了机会,出现暗箱操作、徇私舞弊等不良现象,影响了教师聘任工作的有效实施。如果上述问题不解决好,高校实施聘任制、落实任期制、引入淘汰制只能是空话。

五、高校教师聘任制度改革与创新的基本思路

(一) 转变思想观念,加强舆论宣传

淡化高校行政管理意识,落实高校法人地位。高校聘用制改革应以高校的自主权为基础,要求政府职能实现从"无限"到"有限"的转换,政府与高校之间实行法律保障之下的职权划分,尊重高校的法人地位。另外,政府和各高校应进一步加大对教师聘任制度的宣传力度,切实转变高层管理人员及教师的观念,激发其上进心与竞争意识,树立开放意识和流动意识,破除论资排辈、平均主义等陈旧观念。

(二) 完善校内教师职务聘任制

1. 实行教师职称评审和职务聘任的双轨制

专业技术职务评聘分开,不受单位专业技术岗位数额限制。高校根据专业技术岗位的需要,自主聘任具备相应任职条件的专业技术人员担任相应的专业技术职务。专业技术人员获得的专业技术职务任职资格不与工资待遇挂钩,但可以作为高校岗位竞聘,进行人才交流,参加学术、技术等活动的依据。聘任专业技术职务后,可享受相应的工资待遇。打破事业单位长期存在的专业技术职务终身制,这样有利于调动广大专业技术人员创业的积极性,真正实现了以岗位定称谓、以岗位定待遇的机制,使职称工作逐步朝着评价社会化、用人聘约化的方向发展,最终实现人才资源的优化配置。

2. 科学合理设岗，强调依岗择人

教师职务聘任制的核心就是按需设岗、按岗聘任。高校要根据学科建设需要和教学科研工作任务，按照"精干、优化、高效"的原则，设置教师职务岗位。"科学合理设岗"成为职称改革中的重点和难点。岗位设置实质上是对学校人力资源进行配置，学校应紧紧围绕学科发展和队伍建设进行配置。高校应按照"因事设岗、依岗择人"的原则，按学科设岗，以学科建设和发展为龙头，突出学科带头人和学术骨干的地位，发挥各种职务教师的作用，以利于促进教师队伍结构趋于合理。

3. 完善评聘机制，确保评聘公平公正

下放职务审批权，学校分科组建聘任委员会。一是变"唯上"为"尊下"，给学校以充分的职务评聘自主权，学校分科设立非官化的教授委员会。这样一方面学校所有教授（除兼做行政管理人员之外）都有评审权，使学术权力分散，对评聘中可能发生的不公正行为起到制约作用；另一方面官学分离，真正做到教授治校，学术独立自治，行政权力退出学术评估体系。二是建立各级"学术道德委员会"，完善职务评聘监督体系。"学术道德委员会"是高校学术道德监督机构，其成员应由德才兼备的教师组成，他们的产生须有一定的民主程序，以保证成员的代表性和广泛性。它具有独立依法行使监察的权力，不受其他任何行政部门的干预，有权追究在评聘工作中弄虚作假者的责任，约束和惩治学术不端行为和评聘中的违规违纪行为，以维护学术的尊严，净化学术环境，同时其自身还应接受上级主管部门和群众的监督。

4. 构建科学合理的考核指标体系和方法

考核指标体系科学与否，方法妥当与否，是否有利于教师潜能的发挥，直接关系到聘任制度能否得以积极有效地实施。就其过程而言，聘任工作是一个循环式的过程，其考核可以分为聘前考核和聘后考核两种，通过聘前考核了解应聘者的能力与水平，为是否聘用提供主要依据；聘后考核，是对教师在任期内的过程考核，包括年度考核、中期考核和期满考核。不同时段的考核，其指标是不完全一致的。

（三）完善救济制度，保护教师的合法权利

在推进教师聘用制过程中，建立和完善以下两种教师权利救济制度。一是完善教师申

诉制度。教师申诉制度是最快捷、成本最低廉的一种权利救济手段。教育行政部门可以通过调解方式进行公正处理，使教师和学校的合法权益得到保障，维护学校的稳定。二是建立行政诉讼制度，依据《教师法》和人事部《人事争议处理暂行规定》，教师与高校的聘用制合同纠纷可以通过申诉和人事仲裁方式解决。

综上所述，只有深化高校人事制度改革，在人事管理上实行彻底的聘任制或聘任合同制，强化岗位管理，重视考核评估制度，从多个方面调动教职工的积极性和创造性，才能把高等学校人事工作推向一个新的台阶，进而促进我国高等教育事业的发展。

六、岗位管理和教师聘任制度背景

近年来，各高校进行了一系列人事改革和收入分配改革，提出了基于岗位管理和教师聘任制度的人力资源管理，基本实现了"能上能下，能进能出"，既坚持竞争原则又注意人际关系的和谐性，通过建立岗位管理制度，实现由身份管理向岗位管理的转变，创新管理体制；通过转换用人机制，由固定用人向合同用人转变，调动高校各类教师的积极性和创造性。整合人才资源，凝聚优秀人才，建设精干高效的队伍，对进一步加大"人才强校"战略的实施力度，加快高水平师资队伍建设步伐，有着重要的意义；同时，优化人力资源配置，实现人事管理的科学化、规范化和制度化，对高校实施现代人力资源管理提出更高要求。教师和学生始终是高校的两大主体，而教师是高校中不可或缺的重要资源，基于岗位管理和教师聘任制度的高校人力资源管理改革给高校注入了活力，促进了高校人才资源的开发，科学设岗、按岗聘任，能者上，使学术研究"百家争鸣、百花齐放"，高校人力资源管理工作正朝着制度化方向发展。

七、实施岗位管理和教师聘任制度使高校迈入人力资源管理新时代

（一）人事管理与人力资源管理的区别

人事管理是以"把事管好"为原则，以事为中心，把精力放在员工的考勤、档案、合同管理等事务性工作上，被定位为后勤服务部门。人力资源管理则以"开发人的潜力"为原则，以人为中心。

（二）高校迈入人力资源管理新时代

高校人力资源管理更具挑战性，高校人力资源密集且承担人力资源培养任务，高校竞争优势的来源是教师，教师本身凝结了较高的智力和创造性，是高校最重要的人力资源。我国学者把高校人力资源分成三个部分：行政管理教师、教学和科研教师、后勤服务与教辅教师。因此，高校定编定岗复杂，聘任形式多样，高校人事制度改革的核心，是要利用学校有限的办学资源，通过政策导向，促进人与事的有机结合、人与岗位的合理配置。高校实施的岗位管理和教师聘任制度，按照人力资源管理科学的应用与开发，已经区别于人事经验型管理。教师聘任制度使高校教师职业生涯规划更利于优化高校资源配置，提高了高校的向心力和凝聚力，发挥高层次激励的作用。大部分高校人事收入分配制度也进行了改革，实行了"九级制""职务＋业绩""职务分等"的综合模式，这都是人力资源管理在高校应用中的重要体现。高校实施基于岗位管理和教师聘任制度的人力资源管理还存在一些问题，比如，观念转变尚未到位、定编政策没有完全配套、部分岗位种类难区分、管理岗位教师相关政策没到位等。

八、基于岗位管理和教师聘任制度的高校人力资源管理

（一）构建科学合理的设岗、聘任、考核评价联动机制

在岗位设置和聘任中，坚持科学设岗、宏观调控的原则，界定与岗位设置管理密切相关的激励因素，主要包括：绩效考核激励、薪酬福利激励、晋升激励、培训激励和精神激励。结合高校的办学定位和发展目标，以人为中心，体现以教师为主体，向教学、科研一线和关键岗位、向高层次人才倾斜的导向性。坚持按岗聘任、合同管理的原则，突出高校学科和专业建设发展的特色，加快高校高水平师资队伍建设步伐。人力资源管理的 5P 模型前三项正好对应"设岗、聘任、考核评价"，既独立又联系还连续。因此，构建科学合理的设岗、聘任、考核评价联动机制很有必要。

（二）构建合理的人力资源开发体系

高校是人力资源密集地，更应该合理开发高校教师这一人力资源。在高校人力资源的

开发与管理中，要解决如何从长远、整体、系统的角度，有效地优化各种教育资源，建构出具有前瞻性、可操作性、统一性、灵活性，科学高效的开发体系，包括教师的继续教育、激励与考核机制、管理制度、课程体系、行为规范、师资队伍、社会实践、环境应对与政策过程等。一个好的高校人力资源开发战略还应该时刻关注社会发展的趋势与要求，预测未来社会对于人才的需求，主动适应现代产业链、产业群的发展和激烈的人才竞争。稳定和吸引高层次的管理人才与学科带头人，使高校管理和学科群体与国际接轨，优势不断延续与扩大，最大限度地提升学校综合办学实力，展示人才的魅力。

（三）构建长效工作机制

高校岗位设置与聘任管理工作，事关高校事业的长远发展，事关人才队伍建设的质量和水平，事关高校教职工的切身利益，因此是一项艰巨的任务，也是一项复杂的系统工程，理应构建长效工作机制，随着时间、条件的变化而不断丰富、发展和完善。

第三节　高校人力资源招聘中的人才测评

21世纪国际间的竞争，集中表现为人才的竞争。作为培养高层次人才的摇篮，高等学校也必将随着社会的发展卷入激烈的竞争之中。如何招聘到高素质的教师，使高等学校无论在教学、科研还是管理等领域都立于不败之地，乃是高等学校发展进程中的重中之重。随着高校扩招，高校的发展进入新的关键时期。高校要成为人才培养的摇篮，其前提就是要有一大批高素质的教师人才。因为能否培养出符合社会需求的大学毕业生，在很大程度上依赖于高校教师的素质水平。加强教师队伍建设，是优化教师人员结构、提高教师队伍整体素质的紧迫任务。目前各高校纷纷扩大规模，因此高校教师的需求量急剧增大，高校教师队伍建设面临新的形势和挑战。如何通过人才测评技术选拔出优秀的高校教师，成了高校教师队伍建设的当务之急。

一、高校教师招聘工作的现状分析

当前许多高校为了谋求长远发展，竞相引进和聘用高层次、高素质人才。但是聘用人才的前提是判别哪些是本校真正需要的人才。然而，要正确了解一个人才的"全面性能"绝非易事。我国许多高校的人力资源部门在教师招聘中，主要根据应聘者的学历、专业、毕业院校、行为表现等来推断其素质情况，几乎普遍遵循着看简历—面试—试用—录用（或辞退）的老套路。这往往是隔靴搔痒，无法触及应聘人员的内在素质。据本书对北京市多家高校的调查结果显示，超过七成的高校在招聘教师时使用面试的方法。面试的优点是可以根据应聘者对所提问题的回答，考查他们的知识面广不广，运用专业知识解决问题是否熟练，思维是否敏捷机智，有没有较强的应变能力，口头表达是否流利等。还可以通过观察应聘者的行为和言语表现，考查他们的气质、性格、情绪稳定性、工作态度以及为本组织服务的意愿是否强烈等。但是，传统方式的面试是一种对主试人素质依赖性较强的测评方式，主考官的水平、能力、素质高低、经验丰富与否直接影响面试的质量。这种传统方式的面试存在很大的主观随意性，其实质是靠经验办事，很难做到公平、科学和客观。而且通过该种方式也只能简单了解人的外显行为、专业能力和浅层心理，对人的个性特点、素质结构和人的潜能却无法得知，故很难达到人—岗的最佳匹配；甚至容易产生任人唯亲等不正常现象，从而阻碍高校的发展。人力资源是一种具有主观能动性的重要资源，在实践中，只有把合适的人安置在合适的岗位，才能最大限度地发挥人力资源的潜能。高等学校要解决传统人力资源管理中遇到的这些问题，首先就要求高校的管理者要具有现代管理的思想和意识；其次在人力资源管理中要尽量采用科学的方法和手段。随着现代科技进步、经济和社会迅速发展的需要，人才测评作为人力资源管理的一种有效工具，其重要性日益为人们所认识，人才测评在高校教师招聘中的作用日趋显现。

二、人才测评先进性的具体表现

所谓人才测评，是指综合运用心理学、管理学、测量学、系统论、行为科学和计算机技术等多学科的原理和方法，对社会各行各业所需人才的知识水平、能力结构、道德品格、个性特点以及职业倾向和发展潜力等多种素质进行测量和评价。科学地测评人才是一切人力资源工作的起点。人才测评作为选拔人才的重要手段，已越来越受到企事业单位和个人的重视。目前，许多发达国家已经将人才测评作为人力资源管理决策的重要依据。与传统的"识人""用人"方法相比，人才测评的先进性主要表现在如下几个方面：

（一）测评方式客观、公正

传统甄选方式多为主观性选择，只凭评价者自身的经验和识才水平，缺少标准化、客观化的方式和工具，使选才主观随意性大，缺乏科学性。这样的选才方式难免出现用人不当等问题。而人才测评技术是一种客观性选择，它采用的是科学方法。科学方法是指实践证明为准确、全面和方便的测量工具和评价方法。在同类同级岗位任职者的甄选中，人才测评技术运用心理测验的标准化方式，使被测试者均处在相同的测试方法、测试题目、测试环境以及相同的标准下进行测试和评价，因此，这一方式既客观又公正，能真正体现"公开、平等、竞争、择优"的选才原则。

（二）评价结果准确、可靠

传统选才较常规的做法是看简历和档案，而个人简历和档案的内容多半是高度概括的主观评语，大都无法反映具体情况，也难以考查个人实际的素质能力和水平。就是传统的甄选考试也只是单方面考查应试者的某一素质水平。而人才测评技术是针对某一"素质测评目标系"进行判断与衡量的。人的素质是由一系列素质测评目标组成的一个具有多向结构的目标"坐标系"来确定的。任何单方面判断与衡量，都难以真实地把握其实质。人才测评注重考查人的实际能力、经验与业绩、潜在的智能水平、心理本质、职业倾向等，并注意所测内容的全面、完整和多元化，注意从多角度、多侧面去观察和评价一个人，最大限度地减少测评误差。据美国人才资源协会有关资料显示，发达国家50%的企业通过人才测评方法选拔应聘者。全球约有3/4的大公司在人员甄选方面使用人才测评手段。人才测评作为一种科学的评价体系，可以为组织选人提供科学依据，使评价结果能准确地反映被测者的各方面素质水平。因此，运用测评技术不仅能发现优秀人才与紧缺人才，而且还能提供有关各人之长、短的信息，使用人单位能用人之长、避人之短，取长补短，优化组合。

（三）选才效率高

传统"伯乐相马"式选才仅是对单个人进行，是一种小生产方式。而人才测评技术既可以对单个人进行评价，也可以在较大范围内对一群人同时进行测量与评价。目前，许多人才测评技术已经实现了人机一体化，在进行计算机测量时，许多人可同时进行，和传统的选才方式相比，选才效率大大提高。

三、人才测评在选拔高校教师中应用的理论和实践基础

（一）理论基础

人力资源管理工作的核心是人与岗位的匹配。这种匹配要求把个人素质与岗位的特征有机结合起来，从而获得理想的效果。人员选拔过程中，对选拔方式的选择很大程度上决定了人员选拔结果的好坏。在国内企业界进行人才招聘与选拔时，大部分采取人才测评的方式。目前高校也较多地使用人才测评技术。人才测评已经不是新的概念，它正在人力资源管理活动中发挥越来越重要的作用。目前为人们耳熟能详的除了"人才测评"这一词语外，还有"人员测评""人员功能测评""人才素质测评""人才评价"等术语。它们与"人才测评"有着相同或相近的含义。本文中采用"人才测评"的概念。所谓人才测评，是通过多种科学、客观的方法，对人才的知识、能力、技能、个性特征、职业倾向、动机等特定素质进行测试与评价，以判定被试者与岗位、组织的匹配程度。现代人才测评的主要内容是个人稳定的素质特点，一般包括能力、人格（如兴趣、动机、态度、品德、价值观等）、知识技能，另外心理健康也是人才测评的内容之一。现代人才测评是应对人才需求标准的变化而产生的一种新型人才鉴别、评价方法和技术，已逐渐为各企业所积极采纳和应用，在人才选拔、安置、培训、考核等人力资源管理的各个方面发挥积极作用。现代人才测评的作用，概括起来有三个：第一，择优和汰劣；第二，减少用人失误；第三，自我认识。目前国际上比较通用的人才测评工具主要有笔试（包括心理测验中的纸笔测验）、面试、情景模拟和评价中心技术以及计算机测评等。学习成绩不能预测职业成功，智力和能力倾向测验并不能预测人们的职业成功或生活中的其他重要成就，主张用胜任特征评估代替智力、能力向测试。胜任特征描述为代表表层的特征和代表深层的胜任特征，其中代表表层的特征如知识、技能等，而代表深层的胜任特征如核心能力、社会角色、自我概念、特质和动机等。后者是决定人们的行为及表现的关键因素。在通常的素质评价中，一般比较关注技能和知识。但已有的应用研究发现，表现优秀和表现平平的管理者在水上部分区

别不大。然而，代表深层的胜任特征，则可以从社会角色、自我认知、特质和动机等方面，较好地区分优秀者和表现一般者。在高校教师选拔中，也可采纳胜任特征模型对教师的核心能力、社会角色、自我概念、特质和动机等进行测评。

（二）实践基础

高校教师需求增大，目前招聘到的教师良莠不齐，素质不能保证，这为人才测评技术的应用提供了必要性。目前高校人事部门对于人才测评技术也逐渐熟悉和重视起来。同时，劳动力市场目前大多数行业和岗位供给大于需求，高校教师也是如此。高校教师供大于求的现象为高校教师人才选拔中人才测评技术的实施在被试者方面提供了可能性。

四、目前人才测评在选拔高校教师中应用的现状

尽管高校在选拔教师时，都或多或少进行了人才测评，但仍不难看出，目前在高校教师选拔过程中，人才测评技术的使用，仍存在着很多的漏洞和局限性。表现如下：

（一）选拔缺乏程序性

在高校教师选拔活动的程序、选拔结果的形成与公开、教师对选拔结果的反馈等方面均缺乏程序性规定。有些高校的招聘信息与招聘结果均不公开，导致暗箱操作以及近亲繁殖的可能性加大。

（二）缺乏工作分析

工作分析是开展所有人力资源管理活动的基础，无论是选、育、用留人，都必须建立在工作分析的基础上。高校教师岗位有其固有的特点，必须对其进行工作分析。

（三）选拔的维度过于单一

重学历多于重能力。目前所能见到的高校教师招聘启事上，几乎无一例外地对应聘者的学历和毕业院校进行要求，例如，要求"硕士以上学历""985工程院校""211院校"等等。有的学校更是只录用名牌大学的博士生。这种过于看重学历及毕业院校的选拔模式，太过于武断和单一。

（四）测评形式比较单一

高校教师工作的性质要求对应聘者专业素质、道德素质、能力等维度进行全方位的考核，而目前高校教师招聘中仅采用传统的面试加试讲（情景模拟中的一种），测评形式比较单一。

（五）心理测验尤其是心理健康测验使用较少

教师作为传道授业解惑的人群，不仅担当着传授给学生知识的任务，在必要的时候还要充当学生的心灵导师。在当前，社会压力增大，大学生在就业压力大、学业压力大、情感困惑多的情况下，很容易出现心理不适甚至各种心理疾病。因此更要求教师具备良好的心理素质和健康的心理水平。但目前在高校教师选拔中，除了北京、上海等大城市之外，其他中小城市较少使用心理健康测验。

五、如何加强人才测评在选拔高校教师中的应用

针对高校教师选拔中的这些现象，最好的解决办法是在各高校中逐渐建立健全人才测评系统，加强人才测评技术在选拔高校教师中的运用，使高校教师选拔更为科学、严谨、有效。加强人才测评在选拔高校教师中的应用，需要从以下几个方面做起：

（一）提高人才测评技术的使用频率，使其成为选拔高校教师的一个重要辅助手段。

（二）对工作岗位进行全面分析，确定任职资格。高校只有通过工作分析，才能确定组织内部不同岗位需要哪些素质特点的人才，可以判断出哪些人才适合哪些系部的需求，也才能确定招聘与选拔的标准，从而确定不同教师岗位的任职资格。

（三）确定高校教师选拔中的维度，如核心能力、社会角色、自我概念、特质和动机等维度，并选择恰当的测评工具对这些维度进行测评。运用测评工具，力求科学评价后备人才的综合素质。

（四）测评形式多样化。降低对面试的依赖性，将不同的测评手段如评价中心技术、情景模拟、心理测验进行合理搭配，综合运用，以求最大限度地实现测评效果的优化。加大量化测评的力度，提高测评的科学性。

（五）测评程序规范化。研究制定与各专业教师特点相适应的测评操作规范和实施细

则，严格按程序进行测评，提高测评的一致性和准确性。

（六）关注高校教师的心理健康水平，增加心理健康测验在人才测评中的使用频率。随着社会的进步和经济发展水平的不断提高，对高校的期望也随之提高，相应要求高校教师的管理意识和管理手段与时俱进，这也是符合事物动态的发展规律。我们期待借助科学的管理思想和先进的管理工具，使高校教师队伍建设得越来越好。

六、在高校教师招聘中运用人才测评的意义

高等教育的发展是人才、资源、制度等多种因素有效作用的结果。但在诸多因素中人是最活跃的因素，是高校长足发展的直接因素。因此，千方百计吸引高素质人才，按照高校自己的人才标准引进和招聘人才，正成为各高校追逐制高点的重要举措。通过对人才进行测评，不仅可以使高等学校更深入地了解人才素质，确保人才质量；而且对人才进行测评是适应知识经济发展的客观需要，也是尊重人才、重视人才的具体体现。在高校教师招聘中应用人才测评有着深远的意义。

（一）有助于高校发现真正适合于从事教育的人才

用人贵在"善知"，否则就会鱼目混珠、智愚难分。"善知"必须借助人才测评，才能对不同人的德、智、能、绩的实际水平有较为客观的了解和掌握。在高校教师的招聘中，通过表面的而且是部分的、不全面的信息(应聘者的学历、工作经历、职称及简单的面试)，学校的招聘往往不是很成功。如果一个学校聘用了太多不合适的或对教育事业兴趣不大的人担任教师，那么即使有完善的计划、合理的组织机构和协调的控制系统，学校的教学、科研能力也不会取得长远的成功。为确保高等学校的长远发展，必须有能够胜任并喜欢从事教育工作、具有很大发展潜力的人员，这便要依靠人才测评，让优秀的适合于从事教育的人才脱颖而出。借助人才测评，在对应聘者有了准确的把握后，高校便可以在应聘者和招聘（未来）岗位之间进行匹配比较，从而做出合理的科学有效的招聘决策。

（二）有助于对高校未来的人才需求做出正确的预测

所谓预测，就是立足于过去和现在，预料和推测事物发展的未来。把人才测评应用在高校教师招聘中，不仅可以使高校选择合适的人到合适的岗位，以做到"人尽其才""才

尽其用"，最大限度地发挥人的创造性和能动性，提高决策的科学性，而且有助于高校的人力资源预测和配置。在一个学术梯队中，共同的事业不仅需要每位教师都具备优良的素质，同时更需要人才素质结构的合理组合。通过人才测评能全面了解教师的潜在能力、心理潜能和职业倾向素质等，加深对教师内在发展潜力的认识，预测教师未来的发展情况，从而更好地为教师梯队的配备和建设制定政策，建立起一支高功能、高效率的师资队伍。"世界上不存在完美的人，但可能存在完美的团队"，这是管理学界普遍认同的一个观点，一个完美团队的特点是人尽其才、各司其职、各显其能、全力配合。通过人才测评，预测人的内在潜力可以为组建完美的师资队伍、配备优秀的教师梯队提供可靠依据。

（三）有助于避免经验管理造成的失误

中国有句古语："知人"才能"善任"。人才测评在人力资源管理中正是解决"知人"的问题。在员工招聘中应用人才测评的作用十分明显，大大减少了由于经验管理造成的失误。多少年来，我国各行各业由于用人失误而造成的损失不计其数，但因其不好明确计算或无法计算而未引起相关部门足够的重视。从现代管理学观念看，企事业录用员工可以看作是在购进特殊的生产资源——人力资源。既然是购进生产资源，就涉及质量检测。人才测评技术正是检测人力资源品质的可靠工具，它可以最大限度地避免由于"用人"的失误而造成的损失，为高校把好"进人关"提供科学依据。

总之，人才测评技术的应用实现了人才识别从依靠经验到依靠科学、从观察表象到内审潜质、从评价现在到预测未来的全方位转变。值得一提的是，目前人才测评在我国还处于"初级阶段"。测试人的综合素质和专业水平有待于进一步提高，测评工具有待于进一步完善。对于高等学校而言，在使用这个工具的时候要慎重，最好是在专业咨询公司的帮助下，结合本校实际，如职位情况、师资队伍总体情况及学校的发展方向等，科学地使用测评工具。这样才能使其在高校教师的招聘中充分发挥作用，增强高校的竞争实力和实现高校的长足发展。

第四节　高校人力资源招聘中的对策

随着高校扩招速度的加快，我国高等教育已经从精英教育跨入大众教育阶段，高校之间的竞争也越来越激烈，各个高校通过对其师资队伍和结构进行优化，以此来不断适应教育形势的发展要求。如何招聘高素质人才，建立一支高素质师资队伍，进而在教学管理和科研领域处于不败之地，已经成为许多高校发展中的重点内容。

教师是高校最核心的资源，是落实高校人才培养和决定高校发展的关键因素。构建高质量高素质的师资队伍已经成为各高校工作中的重要任务，也是各高校应对日趋激烈的同行竞争的必然选择。其中，高校教师招聘工作又是师资队伍建设的重要一环，其招聘结果的好坏将直接影响着高校的办学质量的提升和发展目标的实现，甚至会影响到高校功能的发挥和高等教育改革与发展的成败。因此，不断完善当前我国高校教师招聘工作，改进招聘体系，成为各高校师资队伍建设工作的重中之重。对高校而言，教师资源是第一资源，教师资本是第一资本，开发教师资源是第一动力，完善教师招聘是第一工作。制订招聘计划，发布招聘信息，筛选应聘者简历，测试与面试，试讲，最后公示录取信息和办理入职手续等是我国高校教师招聘工作的一般流程。在我国很多高校，教师招聘在形式上基本能够遵循以上流程，只是在实际实施中不够细致和彻底，避繁就简；当然也有不少学校的招聘流程由于过于简单化和随意性而缺少科学性。所以在探索建立规范而又成熟的高校教师招聘模式，构建系统、高效、科学的招聘流程这类问题上，还有很大讨论的空间。目前，在我国高校教师招聘中存在着诸多问题。

一、我国高校教师招聘存在问题分析

虽然各个高校已经充分认识到教师招聘对于师资队伍建设的重要性，并出台了相关人才激励制度，希望选拔更多的有能力的人才加入到高校中来，但是，在实际人才招聘过程中，却出现了一些问题。总结起来，这些问题主要有以下四个方面：

(一) 教师招聘程序不规范

虽然高校教师招聘和企业人才招聘在侧重点上有所不同，但是，其在招聘流程方面的规范性是一致的：招募、甄选、人员录用和评估。在企业领域，人员招聘的流程已经较为规范，但是在高校招聘领域，由于引入人力资源招聘理论时间较晚，在真正进行实践操作的过程中还出现流程不规范的问题。例如，就招聘程序的各个环节衔接问题方面，我国高校教师招聘总体缺少整体性。其主要表现在以下两个方面：首先，在人员甄选环节方面，根据人力资源招聘理论，其主要分为资格审查、笔试、心理测试、面试以及情景模拟等，但是我国高校目前在教师招聘过程中，往往注重资格审查和试讲，对于其他环节，特别是心理测试环节过于忽视；其次，在教师招聘评估方面，教师招聘评估实际上是一个总结过程，其主要是通过对招聘环节存在问题进行总结，吸取相应教训，为下次招聘提供参考，但是，我国高校在教师招聘的过程中，却容易忽视这个招聘环节，造成招聘效率低下等问题。

人力资源规划尚未到位。人力资源规划是人力资源管理的基础，可以促进高校人力资源供求平衡，为高校实现战略目标提供人力资源保障。同时，人力资源规划是高校教师招聘选拔工作的起点，其合理性和完整性对招聘选拔工作有决定性作用。但是，目前很多高校对于人力资源规划还不够重视，这个有一定的历史原因。新升格的高校前身多为中专学校，而中专学校的人事管理权限往往都在上级教育或者行业主管部门，更不涉及人力资源规划的问题。所以，现在虽升格为高校，但是仍然没有制订完备的人力资源规划。对于招聘计划的制订，往往还是采取先部门申报后人事部门汇总就形成教师招聘计划的方法，缺乏系统的人力资源规划。这样的方法缺乏从学校长远发展和学科建设方面考虑，往往会造成资源的浪费和行为的短视。高校人力资源规划应该是学校战略层次上的规划，它涉及人事、教务、科研以及系部发展等方面，因此需要全校各部门的配合和参与，而不是人事部门的"独角戏"。

存在职权冲突现象。当前高校教师招聘中，人事部门和用人单位在招聘过程中分工不明确，有时还出现扯皮的现象。比如，人事部门与用人单位有时缺乏有效沟通，对招聘条件卡得过紧，有些稀缺专业，人才本来就少，加上设立的门槛，所以招不来人。招聘过程中，用人单位负责对应聘者进行相应的考核，将考核结果反馈到学校人事部门，学校人事部门参考其意见，但这些意见在实际过程中对招聘的影响力不够大，招聘、录用的最终决定权仍然在学校人事部门手中。所以，用人单位参与度过低，往往所招之人不是用人单位想要的人，导致人岗不匹配，招聘效率不高。

招聘考核不全面。高职院校以培养经济和社会发展一线需要的高技能人才为目标，高校的教师不仅需要深厚的理论功底，还需要较强的实践动手能力。目前，高职院校教师招聘普遍存在重学历、重职称、轻素质、轻能力，考核不全面、不科学的倾向。高职院校教师招聘还过多地参考模仿本科院校，一味追求高学历和高职称，招聘考核着重看其过去主持或参与的国家级、省部级课题有多少项，发表在SCI、EI等核心刊物上的论文有多少篇。而对于面试、试讲这些基本环节抓得不紧，对其中的职业道德、敬业精神、团队协作、技能操作等方面更是考核得不够，这给将来师资队伍的可持续协调稳定发展埋下隐患。

（二）招聘渠道较为单一

我国高校教师招聘在校园网站发布招聘信息以后，就很少再考虑其他的招聘渠道，而且高校在发布招聘信息以后，就很少再主动出击，而采取守株待兔的方式等待人才主动上门，在时间上造成一种滞后性，造成招聘渠道较为单一。且教师招聘是通过内部招聘为主，造成高校教师近亲繁殖问题较为严重。

招聘有很多种渠道，每一种渠道都存在着一定的优缺点，每一种渠道都适合招聘不同层次类型的人员。当前高职院校招聘渠道主要是网络。按照以往工作经验，通过网络发布招聘信息，往往投档应聘者以高校应届毕业生居多，而真正符合招聘条件的人员比较少。当前，在招聘渠道单一的情况下，招聘专业学科带头人，招聘高学历、高技能的"双师"等高层次人才比较困难。

（三）教师选拔标准不科学

目前我国的高校教师招聘过程中，普遍重视人才的学历和职称，而忽视人才的实际教学科研能力，其人才考核的标准缺乏科学性和全面性，而且部分高校为了对人才结构进行优化，规定应聘人员的学历或者是职称越高的话，则其考核的标准越宽松，无论其专业是否对口或者符合学校要求，只要是高层次人才则一律予以放宽条件，对于那些具有教授职称的应聘者，则采取直接录用的方式。虽然引进高学历或者是高职称人才有利于学校教师结构的优化,但是如果缺少严格考核标准的话,则会直接影响到学校教师的整体素质,从长远来看,甚至会影响到学校的教学科研水平的提高,对学校学科建设而言未必就是好事。

(四)忽视教师聘后评估工作

在我国高校招聘工作中普遍存在着招聘成本较高且缺乏成本评估问题。有的高校甚至完全缺乏成本意识,不惜代价引进教授和院士,导致高校存在财政赤字,影响学校的良性发展。聘后评估的另外一个重要环节是人员录用的评估,但是这个环节被我国许多高校所忽略,很少有高校对教师录用比、教师录用质量分析、应聘比率、招聘完成率等相关指标进行分析,造成高校招聘成本较高、招聘录用效率低下等问题。

二、我国高校教师招聘完善对策

(一)根据学校总体发展战略合理招聘教师

高校发展战略是指一个高校在发展过程中,所制订的在一定时期内总体发展目标和发展策略的指导性规划。高校发展战略规划一般而言都是建立在学校发展现状基础之上的前瞻性、开拓性和科学性的文件。"战略管理的本质在于制订战略计划并且根据组织内外环境的变化而及时调整相应计划。"所以,高校在进行教师招聘的过程中,要能够根据学校总体发展战略,充分考虑高校内外环境和教育发展形势的变化,确定其总体战略规划定位,主要包括学校发展规模、服务方向、办学层次、办学方向、培养规划。高校发展战略规划对于高校教师招聘具有特别重要的作用,高校教师招聘必须根据总体发展规划来进行,选拔什么学科背景的教师、什么层次的教师、多少教师都是根据这个标准而决定的。

(二)根据高校人力资源现状做好教师需求预测和人力资源总体规划

为做好高校人力资源总体规划,需要对高校现有的人力资源状况进行调查,即现有教师数量、年龄结构、专业分布、工作经历和学历职称层次等,并根据学校总体发展战略,对学校人力资源总体需求进行预测,对两者之间的差距进行分析,并根据这种差距分析,充分考虑人才市场行情变化状况,结合学校具体的专业和学科发展需要,确定学校合理的人才结构,搞好人力资源需求预测,并以此为依据,做好学校人力资源规划。

(三) 充分重视高校人才聘后评估

高校在确定人力资源需求以后，就可以据此建立一个求职者人才库，通过合理的人才招聘渠道，实施教师招聘工作，并且在进行教师招聘的过程中，为了增加招聘过程的有效性，尽量采取多学科多专业集中招聘的方式，从学校内部和外部统一招聘教师。这样不仅可以增加招聘的效率，而且也可以避免学校教师近亲繁殖的问题。在招聘结束以后，要加强聘后评估工作，一方面，可以通过考查新进人才在实际工作岗位中的工作表现来对学校招聘工作有效性进行分析；另一方面，也可以对招聘的成本收益进行分析来评估学校招聘工作的有效性，其主要评估标准有教师录用比、教师录用质量分析、应聘比率、招聘完成率等相关指标。学校要将这种聘后评估经验充分运用于下次人力资源招聘过程中。

(四) 加强对新进教师的上岗培训和做好职业规划

高校在完成教师招聘工作以后，要加强对新进教师的上岗培训，特别是要结合员工的职业发展规划来做好培训，这也是高校人力资源管理环节中的一个重要部分。

高校教师招聘应该根据学校现有发展状况，基于高校总体发展战略目标，结合学校定位、学科特色和分布状况来具体实施。各个高校在进行教师招聘的过程中，要不断规范招聘程序、拓宽招聘渠道、制定科学选拔标准、增加聘后评估，以此不断提高高校教师招聘工作效率，为高校发展提供人才基础。

高校应该根据自身的学科或岗位需求坚持按需设岗、总量控制，根据需求计划考评相应学历、职称结构的应聘人才，而不是一味追求高学历和高职称的人才，这样才能做到职得其才、才得其职、才职匹配、效果最优。

人才招聘的考评体系要包含如下几个要素：

1. 智力与能力的综合考评

《中华人民共和国高等教育法》《中华人民共和国教师法》两部法律对高等学校的教师应当具备的基本条件做了明确规定，即要系统地掌握本学科的基础理论，具备相应职务的教育教学能力和科学研究能力，要具有良好的思想品德修养和业务素质，要忠诚于人民的教育事业。因而对高校教师的考评不能仅局限于对智力的考量，要加强对思想文化素质与道德品质觉悟的考核，同时，作为教师，对专业基础与语言表达能力的考核，也是非常重要的一个方面。

2. 专业能力和学习潜力的考查

专业能力是指从事社会职业活动所必备的，展现出的知识、技巧与态度，主要包括三个方面：扎实的理论基础、熟练的专业技能、全面的业务能力。学习潜力是指学习者在日常学习过程中尚未表现出来的潜在的学习能力。构成学习潜力的重要因素，除智力因素外，还包括崇高的理想、求知欲、坚毅的性格等非智力因素。在人才选聘中，对人才专业能力与学习潜力的考核也同样重要。

3. 敬业爱岗的考核

俗称"干一行，爱一行"，敬业与爱岗是分不开的，不爱岗的人很难做到敬业，不敬业的人也很难真正地爱岗。目前人才流动机制逐步健全，有相当一部分人才虽具有岗位需要的能力或素质，也能够做到能岗匹配，但是敬业精神不够或对岗位的兴趣不足，有的仅仅是为了眼下先有个工作，一旦有了更好的工作便跳槽、改行，这样的人才往往给高校造成人才队伍不稳定、结构不合理等一系列潜在问题，更加严峻的是不负责任的工作态度会在一定程度上影响到学生的就业观，因而加强敬业爱岗的考核就显得尤为必要。

4. 团队精神的考查

团队精神的核心是协同合作，反映的是个人利益和集体利益的统一，进而保证组织的高效运转，它对组织效率的提高是一个不容忽视的因素。部分高职称、高学历人才因个人能力较强、崇尚个性化发展、专业面相对狭窄等原因，不易与他人合作，在工作中缺乏团队精神，无益于组织工作的推动，甚至会制约组织的发展。

（五）拓宽人才招聘的渠道，创新人才引进机制

大学是智慧聚集之地，在人才招聘过程中要体现文化品位与学术精神。这就要求各高校除了积极"求才、引智"，还要对人才招聘的形式和渠道给予更多的关注与设计。无论从传统的人才招聘会、媒体招聘，到新兴的网络招聘、视频招聘，还是到亲赴高校实地招聘，要勇于拓宽人才招聘的渠道与形式，服从高校人才需求促发展的大局。在网络时代的背景下，运用和善用网络平台以及各类先进技术，借助日趋完善的网络环境、日益先进的远程技术，不断提升工作的效率和品质，同时只要是需要，可以灵活采取符合实际情况的

招聘方式。

（六）不断优化校园人文环境，继续完善招才引智政策，全力构建人才实现自我价值的平台

根据马斯洛提出的需求理论，人的需求分成生理需求、安全需求、社交需求、尊重需求和自我实现需求，依次由较低层次到较高层次。马斯洛需求理论中，人们的终极需求是实现自我价值，也是高层次人才的追求。因此在引进人才工作中，帮助人才实现自我价值已逐渐成为人才工作之首。马斯洛需求理论中前四个层次的需求，可以说，高层次人才已经实现或正在逐步实现前四个层次的需求，目前他们亟待满足的需求便是自我实现的需求。因此各高校要重视创设爱才、重才、惜才、护才的宽松环境，对引进的人才给予租房、购房、工资、生活、保障、贡献六个方面的优待。为引进人才提供技术创新载体，建设学术科研梯队，疏通科研工作上的软障碍等帮助各类人才在科研领域实现自我价值，吸引更多人才来校工作。

第六章
高校人力资源规划

第一节 高校人力资源规划的内涵

任何一个组织要实现自己的目标、使命和价值追求，必须在未来的不同时期都具有数量合适、质量恰当、结构合理的人力资源，高校也不例外。高校的一个重要职能是为社会培养人才，不同类型的高校为社会培养出不同类型的人才，高校人力资源是培养未来人才的基础。因此高校中最关键、最重要的组成部分是人力资源，它是高校内最能创造出价值的部分，同时对提高高校教学质量，提升高校科学研究水平，促进高校的发展起着关键性作用，对国家社会经济的发展起着基础性、战略性作用。因此，认真搞好高校人力资源战略规划具有重要的理论意义和现实意义。只有基于高校战略的人力资源管理，才能更好地实现高校的战略目标。因此，人力资源管理日益成为高校战略成功的重要保障。

高校人力资源是高等学校的核心竞争力，高等学校的人力资源战略规划与学校事业发展战略规划紧密相关，既决定于学校的发展战略，又服务于学校的发展战略。高校人力资源规划可以促进高校人力资源供求平衡，为高校实现战略目标提供人力资源保障。人力资源规划作为人力资源管理的核心环节，为人才招聘、教职员工培训等具体活动提供了蓝图。

一、高校人力资源规划的概念

高校人力资源规划，是指高校根据发展战略、办学目标及高校内外部环境的变化，预测未来高校组织的任务和高校经营管理环境变化对高校提出的各种要求。在提供人力资源完成高校发展使命和满足高校发展要求时，需要考虑学校在未来教育、教学、科研、运营管理中人力资源的供求状况，继而制定相应的政策和措施，以确保高校能在不同时间和不同岗位上获得所需的人才，同时充分满足高校和教职工的长远利益。高校人力资源规划，一方面，需要满足不断变化的高校经营管理环境对人力资源的需求；另一方面，需要最大限度地开发和利用高校现有的人力资源，使高校、教师都得到最大限度的可持续发展。

高校人力资源规划通常包含两个方向的预测：人力资源需求预测和人力资源供给预测。人力资源需求预测是指从高校的战略规划、发展目标和工作任务出发，综合考虑各种因素的影响，对高校未来人力资源的数量、质量和培养时间等方面进行评估和控制的活动。它是高校人才招聘选拔的基础，预测的准确性直接影响高校招聘选拔工作。人力资源供给预测是为了满足高校在未来一段时间内的人力资源需求，对高校能够获取的人力资源情况做出的预测（包括外部和内部的人力资源预测）。外部人力资源供给预测重点是分析当前人才市场的形势、高校能够获取各种人力资源的渠道及与本校人力资源竞争力相当的高校，从而预测出高校可能获得的各种人力资源的情况和获得这些人力资源需要付出的代价，以及当中可能会出现的困难和危机。例如，高校在进行引进人才政策制定时，需要充分考虑到其他高校在争取相同的人力资源时提供的优惠待遇、政策。内部人力资源供给预测主要是分析高校内部人员的情况，其中包括学校目前现有教职工的性别、年龄、学历及其素质，以及流动趋势、职称结构、缺勤率、工作士气等，决定完成学科建设、科研、教学、行政、财务及其他运营管理工作职位所需的不同学历、专业和职称等级的人才，从而对未来一段时间内内部留岗、晋升、可能跳槽的教职员工数量做出预测。

高等学校的人力资源涵盖教师、管理人员和工勤服务人员。教师资源是高校人力资源的核心。教师资源主要包括专任教师、专职科研人员、专职实验人员等。其中专任教师又分为以教学为主、以科研为主以及教学科研并重型教师，按学科还可以分为理科、工科、人文社科型教师；管理人员有行政管理人员和学工干部；工勤服务人员有后勤管理人员、技术工人和一般服务人员。教师资源的核心是专业教师，直接关系到学校的发展战略，是高校人力资源战略规划的重心。教师人力资源规划的内容有：各类教师的数量、学历结构、职称结构、学缘结构、年龄结构、专兼职教师等。

二、高校人力资源规划与高校人力资源管理的关系

高校人力资源管理，主要研究高校人力资源管理活动中的内在联系和客观规律。高校人力资源管理有独特的管理对象：高校教学、科研、管理等活动中的教师以及教师与组织、环境、事、物间的相互联系。高校人力资源既在开发中得到提高，又在利用中得到增值，这样的提高与增值，一方面，可以促进人力资源的进一步提高与增值；另一方面，又对其他物力资源继续开发的深度与广度、效率与效果等起着决定性作用。而且高校人力资源管理有其客观的发展规律，与一般的人力资源管理相比，高校人力资源管理有以下几个方面的特点：

（一）高校人力资源管理的宗旨是服从和服务于学校的学术管理

高等学校处在整个教育体系的最上层，学术知识是高校的逻辑起点，是高校的立身之本。因此学术管理也成了高校各项工作的焦点。毫无疑问，高校作为一种特殊的社会组织形式，存在行政化管理，也存在人力资源的开发和管理。特别是在高校办学规模不断扩大、与社会经济联系日益紧密的情形下，高校人力资源管理的发展需要趋向于科学、高效、专业化。但是，无论采取何种运行机制和管理方式，都应该保证服从和服务于高校的学术管理。

（二）高校人力资源管理的重心是对知识的开发和管理

高校作为人才的基地、知识的摇篮，其发展关键在于知识生产力的提高，即创造知识并把知识转化为技术、产品等的效率。知识生产力由高校对知识的开发与管理能力决定，包括研究与开发、培训与教育能力，等等。因此，知识生产的决定性要素为用先进的技术和最新的理论武装起来的劳动力。

（三）高校人力资源管理的核心是机制创新

高校人力资源管理体系的完善，最终必须通过在用人制度、分配制度、考评制度等方面建立起激励、竞争、约束、淘汰的新机制，以机制的创新推动改革的进程。在引进人才、稳定人才、建设高素质的师资队伍和管理队伍方面，政策设计蕴含新思想、新举措，激励教师的积极性和创造性，多出成果，增强学校办学活力，最终实现办学目标。

（四）高校人力资源管理的对象具有复杂性和多样性

高校人力资源管理，必须根据目标需要，全面划分人才类型，拓宽管理范围。将教师队伍分为教学科研并重型、教学型、科研型，将服务人员分为教学服务人员、科研服务人员、经营人员和管理人员。另外，还应根据发展需求物色各层次人才。

高校人力资源管理工作普遍缺乏总体规划，是造成人力资源管理诸多问题的关键。人力资源规划是诊断人力资源管理效果的核心标准，也是实现组织目标的必然选择。目前，中国部分高校对于教师队伍建设和人力资源的合理配置缺少长远规划，对高校的人才资源缺乏预测、监控、规划、配置，不能及时、准确地提供高校人力资源的系统信息。高等学校作为高层次专业人才的培养基地，聚集一定规模的人力资源作为支撑是十分重要的，但是怎样科学合理地配置、使用人力资源，就不能单纯依赖人力资源的规模，还要看人力资源学缘结构、知识结构、职称结构和年龄结构是否合理。在制定各种措施稳定高层次人才的同时，还要注重后备人才的规划、储备和培养，从而建立一支结构优化、业务精良、乐于奉献的师资队伍。所以，最重要的任务就是制订出科学合理的高校人力资源规划，并严格执行，以期实现高校人力资源管理的优化。

第二节　国内外高校人力资源规划发展及现状

一、国外高校人力资源规划发展历程

从 20 世纪 60 年代开始，人力资源规划才正式成为一个有着深厚理论基础的独立管理思想和管理内容。此后，越来越多的学者从事人力资源规划相关的研究，并取得了大量有价值的研究成果。国外对人力资源规划的研究主要集中在定义、发展历史和内容，以及维度分析、操作细节、对组织绩效的影响、与战略的整合等各个方面。从人力资源研究历史脉络分析，人力资源管理及人力资源规划大致可以划分为以下四个重要的发展阶段：

（一）源起阶段

该阶段也称为人事管理阶段。古典管理理论占主宰地位，这一阶段出现了人事管理学

派，其显著特点是探寻"人"与"事"的科学配合。

在人事管理阶段，企业并不视员工为资源，所谓的人事管理只是单纯地体现在人事档案上。在这一阶段的初期并没有专门负责人事管理的人员，人事工作由主管人员兼任。直到 20 世纪初期，才逐渐出现专门管理人事的人员，他们的主要工作内容是保证员工按照企业规定的生产程序进行工作。在面谈和测试等方面的聘任要求出现后，人事管理工作开始在员工的甄选、培训和晋升等方面发挥积极作用，同时开始规划管理员工薪资福利。但在这个阶段它仅仅起到辅助性的作用，被限制在行政事务层面，也就没有人力资源规划的制订与施行。

（二）初期阶段

人力资源管理理论提出实现组织目标的"第一资源"是员工，所以应从资源的角度来看待组织中的"人事管理"。管理要从以事为中心转变为追求人与事的配合，在保证完成当下工作任务的基础上，充分发挥和利用人的才能和潜能以提高员工劳动生产率。同时人力资源管理方法也有了新的发展。人力资源管理中引入了心理学，为工作测试、分析、人员甄选、考核、调配和工作分配等方面提供了科学方法，员工福利待遇也越来越受到人事管理部门的重视。人力资源管理的范围进一步扩展。人力资源管理不仅是人力资源部门的职责，还影响到组织战略决策的制定与实施。更重要的是，开始把人力资源管理的目标与组织发展目标、竞争战略和劳动力等联系起来，强调人力资源对组织发展战略的影响，强调人力资源管理应与其他管理职能处于同等重要地位。

这一阶段，人力资源规划的概念开始出现，尽管在实际操作和运用中还没有受到足够的重视。企业管理活动中开始出现部分阐述广义战略变化的人力资源规划，不过内容也仅限于类似人员日常管理、管理人员传承和未来人员配置等一些具体问题的规划。这一阶段很多人力资源规划都是由人力资源职能人员制订并服务于他们的职能，而不是由管理人员制订用于管理活动的。

（三）发展阶段

人力资源管理进入发展阶段，人力资源管理的内容覆盖面更加宽泛，各种职能活动被细化，人力资源的系统化管理得到实现。这一阶段人力资源管理变化较多。

首先，在管理观念上对人性的假设出现多样性。西蒙在他的决策理论中阐述了新的人性假设，认为管理就是决策，并提出组织中不同层级的员工都在做决策，所以他们都是"管理人"。其次，人力资源管理理论开始多样化。通过吸收和印证自然科学和社会科学中有关学科的研究成果，人力资源观的内容不断地被丰富和完善，其研究重点也从原理、原则的探讨发展到经验实证研究。最后，人力资源管理理论的研究成果开始广泛运用。人才测评技术提出后得到迅速发展，人力资源开发手段也呈多样化发展。除了传统的手段，如培训、职位晋升等，还提出了建设性的人力资源管理机制，如员工福利激励手段、职业生涯设计、绩效考核等。

这一阶段实现了人力资源的系统化管理，人力资源管理理论也形成了较为成熟的架构。同时，专门的人力资源管理部门也开始出现，主要负责人事政策的制定，根据上级要求进行人员招聘和管理，并参与到企业战略规划的实施中。在这一阶段，企业虽然意识到人力也是一种资源，但人力资源并没有被提高到战略性地位。把人力规划定义为管理人员决策组织应当怎样由当前状态发展到理想的人力资源状态的过程，并通过制订规划，管理人员努力实现适当类型和数量的人，在适当的时间和地点，从事使个人和组织双方获得最大的长期利益的工作。人力规划重心是人才的供需平衡，当时对人力资源规划的普遍观点是：企业预测其未来的人力需求，以及预测其内部人力资源供给满足这些需求的程度，从而确定供求之间的差距。

（四）现阶段

这一阶段又称为战略人力资源观阶段。人力资源被人力资源管理称作组织的战略贡献者，人力资源管理正在逐渐向战略人力资源管理过渡。

在战略人力资源管理阶段，战略目标的实现越来越依赖于组织快速的应变能力和团队的合作精神。人才逐渐成为竞争力的关键和保障，人力资源部门从从前的决策被动接受者，转变为决策的制定者和实施者。企业普遍开始制定人力资源战略并实施战略人力资源管理，将人力资源管理与企业战略目标联系起来，制订人力资源战略和具体的可操作的人力资源规划。

制订人力资源规划的方法变得更加注重实效，不断尝试各种方法去测试企业需求、成本效益、对竞争优势的潜在影响等，开发出了将人力资源规划与战略计划结合起来的方法。开始出现在不同的环境和不同的时间下使用不同规划工具的意识。

总体来说，对人力资源规划的研究已有几十年的历史，人们对规划的认识比较统一。然而，通过实行人力资源规划取得实效的企业或组织却并不多。目前，西方发达国家组织的人力资源规划正朝着实用、短期、灵活和更为追求企业效益的方向发展。

二、国内高校人力资源规划现状及问题

相较于国外人力资源管理的发展状况，国内的人力资源管理研究是在大量吸收和借鉴国外人力资源管理理论和经验之后才开始出现"中国化"。随着国外理论和经验的成功实践，国内各领域管理者也开始开展人力资源规划的研究。高校领导者和管理者也越来越注重对高校人力资源的研究、开发和管理。

经过研究学者们的分析，高校人力资源管理的现状与存在的问题有：人力资源管理理念相对滞后、管理机制研究深度不够、缺乏合理配置、流动不畅等。于是，针对存在的这些问题提出了相应的对策：努力实现观念的转变、制订合理的人力资源计划、建立健全的人才竞争激励机制、推行合理的人才流动机制、营造良好的工作环境、建设一支高素质的人力资源管理工作队伍等。高校人力资源的独特现状可归纳为：高校人力资源的人力资本量非常丰富、个人社会必要劳动难以精确计量、自主创造意识十分强烈、教学科研人员在人力资源中属稀缺资源、具有可共享性、流动性极强等。

国内广大学者在对高校人力资源管理进行研究的同时，意识到了人力资源规划的重要性，并从规划的原则、内容、方法、程序、形式等方面进行了一些研究，使得高校管理者对高校人力资源规划有了一个初步的认识和了解。

（一）对于规划的依据

王俊峰、张建华提出，高校人力资源规划，首先，应以历史辩证唯物论和现代管理理论作为指导理论；其次，要进行具体分析，了解学校的办学性质、师资队伍、发展规模的现实情况；最后，对高等学校教育事业的发展及教师的需求情况进行预测。

（二）基本原则

姜仁良认为开展高校人力资源规划需要遵循三项基本原则：实事求是切实可行、保证重点全面安排、具体计划服务规划。黄修权则强调充分考虑学校外部、内部环境的变化；确保学校发展所需的人力资源，建立学校与教职员工发展远景这三项原则。

（三）基本内容

刘晓峰指出，师资规划要有明确的方向和目标，要制定出规划的基本指标，要确定实施规划的途径、步骤。杨广敏则提出不同的内容：即人力资源的补充计划、调配计划、发展培训计划、职业生涯发展计划、退休解聘计划、激励计划。

第三节 高校人力资源规划的作用与任务

一、高校人力资源规划的作用

（一）战略作用

任何学校都处在特定的外部环境中，而外部环境的各种因素均处在不断地变化和运动状态，其中某些因素会对学校人力资源产生直接的影响，如国家调整有关离退休年龄的规定。在动态的外部环境影响下，学校人力资源供求平衡不可能自动调节，因此需要分析供求差异，并采取恰当的手段调整差异。人力资源规划的基本职能便是预测并调整人力资源供求差异，使人力资源供求保持平衡。通过人力资源规划，一方面，可以分析学校人力资源现状，了解目前人事动态；另一方面，可以预测学校未来人力资源需求，学校人力资源的增减规划有了参考，制订人员增补与培训的规划可以确保学校在需要的时候所需人才能够及时到岗。

（二）先导作用

人力资源规划具有先导性，通过对高校未来一段时间环境的预测，可以及时为组织人员的录用、晋升、培训、调整，以及人工成本的控制等方面提供可靠的信息和参考。从目前人力资源的供应情况来看,在人才竞争日益激烈的今天,高校要寻找到有利于发展的高层次人才实属不易。而由于人的性格、天赋等难以改变,人的素养提高也是个长期过程,高校培养自己现有的人才,使之合乎高校发展需要也是水滴石穿,非一日之功。高校人力资源规划由于能提前了解高校发展对人才需求的动向,可以及早地引导高校开展相应的人事工作,避免了环境变化时猝不及防。所以,通过对高校人力资源的规划可以把握高校的发展方向,引导高校的人事决策,有助于高校帮助教师开展职业生涯规划。

(三) 控制作用

通过人力资源规划可以及时预测组织人力资源的潜在问题,从而及时调整现有人事结构匹配中技能、知识、年龄、个性、性别比例等存在的不合理分配,促进人力资源的合理调配,改善高校人力资源分布不均衡状况,降低人工成本。高校人力资源规划,一方面,通过对现有人才结构的分析,可以预测和控制高校教师资源的变化,逐步调整人员结构,使之更加合理化,促进高校人力资源的高效使用;另一方面,通过有效的薪酬激励规划,可以充分发挥高校人力资源的作用,尽可能降低人工成本。如果高校没有进行人力资源规划,则无法预测未来的人工成本,可能会超出预算,降低效益。因此,在预测高校未来发展的前提下,有计划地逐步调整教师资源的分配状况,将人工成本控制在合理的范围,加强人力资源规划十分重要。

(四) 激励作用

人力资源规划不仅是针对学校的规划,也是针对教职工的规划。学校的发展和教职工的发展是互相促进、互相依托的关系。如果只考虑到学校的发展需求,而忽略教职工的发展需要,学校的发展就会受阻。合理的人力资源规划是紧密联系学校和教职工个体之间的桥梁,既能使每个教职工的才能得到充分的发挥,同时又使教职工知道自己在学校目前和将来工作中的适用性,明白自身水平与学校发展要求间的差距,从而促使其积极提高自身能力,使其在不断努力中得到成长。

(五) 协调作用

高校人力资源的开发与管理是一个系统的工程,这一过程包括工作分析与设计、人力资源计划、人员招聘和选拔、人力资源开发、绩效管理等方面。高校人力资源规划与工作分析是人力资源开发与管理的基础，它将高校人力资源管理活动的方方面面串在一起，可以使高校的人力资源开发与管理工作在及时了解人力资源变化的基础上，协调高校各方面的关系，改进相应的策略，有效地利用人力资源，促进高校健康快速发展。

（六）保障作用

预测人力资源供求差异并调整差异，是人力资源规划的基本职能。高校的生存和发展与高校人力资源的结构、教师素质密切相关，高校人力资源规划保障了高校在生存发展过程中教师的需求数量、质量和结构。对处于一个动态发展的高校来说，高校的内外环境由于各种因素处在不停变动之中，外界环境的变化、高校内部教师的离职等都会造成高校人力资源的短缺、需求与供给的不平衡。这种缺口和高校人力资源需求与供给的不平衡不可能自动修复，高校人力资源规划可以通过分析供给的差异，并采取适当的措施吸引和留住高校所需人员，以调整这种差异，保障适时满足高校对人力资源的各种需求。

二、高校人力资源规划的任务

（一）外引内培并重，优化教师资源的配置

坚持采取有力措施，建立灵活的人才引进机制，通过各种方法，吸引海内外优秀的专业人才到高校工作。根据教师队伍建设目标和要求，制订切实可行的培训计划和政策措施，充分调动学校和教师个人的积极性、主动性。以中青年骨干教师为重心，着眼于加强师德教育，更新和拓展知识结构，提高教育教学能力。教师必须有深厚的专业知识积累和终身学习的意识，掌握必要的现代教育方法，在教学科研工作中敢于探索创新。

（二）建立健全高校用人制度

第一，全面实行聘任制度。进一步加强竞争机制，淘汰固定用人制度，改革职务终身制和人才单位所有制，根据"按需设岗、平等竞争、公开招聘、择优聘用、严格考核、合同管理"的原则，在高校工作者中全面实行聘用制度。第二，在高校教师及其他专业技术人员中开展职务聘用制度。将教师职务聘任制度和教师资格制度结合起来，坚持在具有教

师资格的人员中聘任教师。专业技术职务岗位的聘用要弄清评审和聘任之间的关系，淡化"身份"评审，强调岗位聘任。第三，探寻并建立以教师为主、相对稳定的骨干人员和出入有序的流动人员相结合的高校人才资源开发机制。第四，建立健全解聘辞职制度。第五，根据国家政策和高校实际情况建立健全符合高校性质和工作特点的岗位管理制度，建立科研、教学、管理关键岗位制度，管理人员的教育职员制度，选人用人实行公开招聘和考试的制度等。

（三）健全人才流动机制

根据相关政策，各高校可以延聘和返聘专业水平高、教学能力强、身体健康的老教师继续在校工作。积极推动学校与学校间教师互聘联聘工作，充分利用教师资源，提高办学效益。同时面向社会招聘具备教师资格的专业人员担任专职或兼职教师。积极推进在校研究生兼任助教工作，以进一步缓解扩招后教师不足的问题。根据相关流出机制，对不能继续胜任研究和教学任务的教师，要做到坚决转岗或者淘汰。

（四）推进高校机构改革

首先，高校机构改革应该严格按照"总量严格控制、微观合理放权、规范合理、精简高效"的准则进行。理顺管理体制，实行国家制定编制的法规和实施宏观调控、高校主管部门贯彻编制的法规与进行检查评估、高校遵守编制法规和有效实施编制管理的管理办法。其次，根据高校科研、教学、校办产业、后勤服务等各部门的不同职能，推行不同的管理法则。再次，依据高校本身实际发展的需求，合理设置学校各党政职能部门，合并主要职能相似的部门，对工作性质相近的机构可实行合并办公。最后，根据高校科研、教学发展的需求以及党建工作的需要，在上级主管部门规定的编制范围内，合理安排人员结构比例并合理配置各类人员，从而优化高校教师队伍。

第四节 高校人力资源规划的环境与原则

一、高校人力资源规划的环境

高校人力资源规划在客观上受到很多因素的影响和制约。因此，在制订高校人力资源规划时需要研究其影响因素。影响高校人力资源规划的因素包括高校内部因素和高校外部因素。

（一）外部环境

1. 宏观经济形势

处在经济萧条时，失业率高，人力资源总体上供大于求；处在经济上升发展阶段，劳动力成本较高。

2. 劳动力市场供求关系

这包括总体的劳动力供求关系和各类人才的供求关系，如果某类人员供不应求，则会在一定程度上限制外部人力资源的补充。

3. 国家劳动、教育政策及相关法律法规

例如，国家修订福利保险制度、工资最低限制线、《中华人民共和国高等教育法》《中华人民共和国教师法》等相关法律法规，高校人力资源规划就会受到影响。

4. 教育技术的发展

激烈的市场竞争在很大程度上推动了教育技术的发展，一些新的、先进的教育技术的普及会促生新的职位，这样会改变高校原来的人力资源需求状况。

5. 社会科技经济发展对课程的要求

随着社会科技经济的不断发展，不断涌现出新的学科领域，这些新兴的学科领域需要大量的相关人才投入，高校也就需要开设相关课程，因此需要引进新兴领域的专业人才。

6. 市场变化

随着高校的扩招，国家对高等教育越来越重视，高校生源逐年增加。加之高校间的竞争愈演愈烈，使得高校人力资源的流动性大大增加。此外，社会文化环境、地区经济差异等也是影响高校人力资源规划的外部因素。

（二）内部环境

1. 学校的办学规模

高校的生源直接受到高校的办学规模影响，学校作为教书育人的所在，所开设的课程需要配备相应的专业教师。办学的规模与学校的后勤服务人员、行政管理人员的规模成正比。

2. 学校的发展战略

人力资源规划是在高校发展目标的基础上进行的，当高校调整发展战略时，人力资源规划也要随着做出相应的调整。

3. 学校类型、特色

高校的办学类型和特色决定了其下属院系的多少和规模，进一步决定了各个专业师资的比例。

4. 人力资源机构体系

高校内部的组织机构、职位体系也影响了其人力资源的规划。

5. 人力资源素质

高校教职工的职称比例、学历比例、年龄比例等。

6. 人力资源部门人员的素质

人力资源部门人员是人力资源规划的分析者和具体计划的制订者，他们的素质很大程度上影响着人力资源规划的进行。

二、高校人力资源规划的原则

（一）全局性原则

人力资源的规划应该具备全局性，从横向上看，人力资源规划要涉及高校的人力资源、党政、院系等各个部门；从纵向上看，一般的人力资源规划只包含人员的配置计划，如人员补充、增长、调配和离职等方面的计划，但在今天竞争激烈且人力资源管理日渐成熟的情况下，只有这些计划是远远不够的，一套完善的高校人力资源规划体系还应该包括岗位职务设置规划、内部人员流动规划、外部人员补充规划、职业生涯规划、绩效考核规划、培训开发规划、薪酬激励规划、退休解聘规划等方面。因此，人力资源决策者在对高校人力资源进行规划时要注意各部门之间的内在联系，从全局的角度出发提出规划方案，协调各个规划方案。

（二）系统性原则

一个高校在人员规模相同的情况下，用不同的组织架构联结起来，会形成不同的权责结构和协作关系，取得的效果可能完全不同。一个有效的人力资源规划能结合不同类型的人才，形成一个有机的整体，可以有力地发挥"系统功能原理"的优势，即整体功能大于个体功能之和。一般而言，系统性原则体现在性格、知识、能力、年龄等方面的互补性。

（三）与高校发展目标相适应的原则

人力资源规划是高校整体发展规划的重要组成部分，规划的首要前提是必须满足高校整体利益的需要，与高校发展目标相符，只有这样才能协调好高校的发展目标和高校资源，确保人力资源规划的准确性和有效性。比如，高校的自身定位如果是研究型，就应该以科研人员为主；高校的自身定位如果是教学层次，就应该以教学人员为主；高校的自身定位如果是教学研究型，就应注重科研人员与教学人员之间的相互协调。所以，人力资源规划的制订，应该与学校发展目标相一致、相适应。

下面分别介绍四种类型的高校人力资源规划方案：

1. 研究型大学

这种类型的学校是培养高层次拔尖人才的摇篮，是自主创新的领导者，是培育和发展先进创新文化的发源地；富有自主创新能力，不断涌现高水平科研成果；教师队伍强大，拥有一批世界公认的知名学者和学术权威；人才培养的重心是创新型高层次人才，硕士研究生、博士的数量占了较大的比重；学科门类齐全，拥有部分一流学科；科学研究和人才培养都有雄厚的财力支持；国际交流和合作活动非常活跃；崇尚学术自治与学术自由。

这类学校人力资源规划方案的特点：稳定的总体规划。人员补充、配置、培训等规划的重要目的是提高创新能力；人员补充渠道为外部引进海内外优秀人才、内部培养学术带头人相结合；培训规划主要是服务于某一领域；十分重视人才的职业生涯规划；劳动关系稳定。

2. 研究教学型大学

这类学校是介于研究型和教学研究型大学之间的高校，师资力量较强，拥有部分知名学者和一流专家；人才培养目标是具有研究潜力的应用型人才；人才的培养层次一般是研究生教育与本科教育并重，办学层次完整涵盖博士、硕士和学士；科研工作与教学工作并重，强调科学研究的重要地位；拥有一定规模的硕士生、博士生和博士后研究人员；承担一定数量的国家重大科研课题；有足够的科研经费和一定数量的具有标志性意义的科研成果；强调在研究中学习和在学习中研究，用科研促进教学；广泛开展国际交流与合作。

该类学校人力资源规划方案的特点：灵活的总体规划。人员补充、配置和培训规划以自我学习能力强及激励能力强的教职员工为主体；人员补充渠道为外部培养和内部引进（如柔性引进）相结合；培训规划主要服务于某一领域；关注建立在个人需求之上的职业生涯规划；劳动关系稳定。

3. 教学研究型大学

这类学校是介于教学型和研究教学型大学之间的高校，师资力量尚可，拥有小部分知名学者、专家；具有相对齐全的学科门类和少数优势学科；主要是本科教育，具有一定硕士与博士研究生培养能力；大力结合行业、地方经济文化需要开展科学研究，少数优势学科能产生高水平的科研成果；积极主动地为地方经济建设、区域经济和行业发展服务，培养大批高级技术应用型和创新型人才；积极开展国际交流与合作。

该类学校人力资源规划方案的特点：适应性的总体规划。影响员工补充、培训规划的首要因素是科学研究能力；人员补充渠道以外部引进为主、内部培养为辅；培训规划主要服务某一学科；充分重视人才的职业生涯规划；劳动关系比较稳定。

4. 教学型大学

该类学校主要培养本科生，仅培养少量的研究生；立足于教学工作，目标是培养大量的高级专业人才；通过传播和应用知识与社会进行密切的联系，既要适应社会对各类人才的需求，又要适应社会发展的需求，在为社会发展服务的同时，也从社会中获得促进学校发展的活力和动力；在学科设置、科学研究、人才培养方面具有复合型特征；提倡办学区域化。

该类学校人力资源规划方案的特点：周密的总体规划。人员补充、培训等规划的主体是教学效果好的员工；人员补充渠道为内部培养与外部招聘相结合；培训规划的主要内容为上岗培训和拓展训练；教职员工的职业生涯规划与学校发展需求相联系；劳动关系比较稳定。

（四）与内外环境变化相适应的原则

人力资源规划只有充分考虑了高校的内外环境变化，才能适应高校经营管理的需要，真正地做到为高校的发展目标服务。内部变化主要有在校生人数的变化、教师流动的变化、热门冷门专业的变化，以及高校发展战略的变化，等等；外部变化主要包括国家的教育政策法规的变化、政府有关人力资源政策的变化，以及教育市场的供需矛盾的变化，等等。为了能够更好地适应这些变化，人力资源规划应该对可能出现的情况及时做出准确的预测和风险分析，最好能有对付风险的应急策略。

第五节 高校人力资源规划的内容和程序

一、高校人力资源规划的内容

如前文所述，高校人力资源规划是指为了实现人力资源合理配置，而依据高校的发展战略和组织目标，以及高校内外部环境和条件的变化来预测未来高校的职能和面临的形势要求，然后确定高校需要什么样的人力资源结构并如何获得、使用这些人力资源的过程。高校人力资源规划的最终目的，是确保高校在适当的时间和不同的岗位上获得适当的人选（包括数量、质量、层次和结构）。

（一）宏观内容

高校人力资源规划可以大体分为人力资源数量目标规划、人力资源结构优化规划、人力资源素质提升规划等若干子规划。只有制订出好的各个子规划，才能制订出科学合理且可行性强的人力资源总规划。

1. 人力资源数量目标规划

所谓人力资源数量目标规划，有学者也称之为岗位职务设置规划，是指为了实现"人适其事、事得其人、人尽其才、才尽其用"目标，而根据高校内外环境条件的变化和发展战略目标，通过科学的机构设置、定编定岗以及人员聘用等形式合理配置人力资源的规划。可分为定编定岗规划、机构设置规划、人员聘用规划等。

（1）机构设置规划

教育部相关文件精神指示，高等学校可以自主确定教学、科研、行政职能部门等内部组织机构的设置和人员配备，前提是遵循实际、精简、效能的原则。学校管理机构根据学校的层次和规模，原则上设 10～20 个。

（2）定编定岗规划

传统的定编定岗方法只是机械地套用主管部门下达编制数时附加的各种限制性规定，然后按照一定的比例划分给各个下级机构，最多在此基础上再按照各单位的现有人员数量和经验进行个别调整。最后必定会达到各单位满编的时候，就是整个学校编制数被突破之时。因此，各高校长期普遍存在不断忙于重新修订校内各单位编制（岗位职数）方案的问题。人力资源部门研究出一套新的定编定岗方式，就成了迫切的需要。

首先，一般情况下，学校教学、科研和教学辅助人数所占比例应达到学校工作人员总数的 80% 以上，其中专任教师所占比例应超过 60%，其他党政工作人员数量应不超过在校工作人员总数的 20%。据此可以将总编制划分为教学科研人员编制和行政管理人员编制两大类。

其次，各行政部门管理人员编制数的确定，则可根据国外和中国香港地区等地的大学的经验，先设定人事改革的目标：第一，建立高校的组织机构。包括职位能升能降、人员能进能出，工作明确、责任明确、上级明确，薪酬基本与工作职责、能力相对应等。第二，有中国特色。包括以能与国际接轨为原则，能与其他高校相对应等。第三，能体现员工职业生涯路径，激励员工，包括多种发展路径基本明确，发展条件基本明确，提供交叉发展的机会等。为达到目标,需要分三个阶段来开展各项改革工作:首先,岗位设定。包括岗位的横向、纵向分类,岗位职责的设定原则等。其次,薪酬设定。包括薪酬组成与薪酬等级、岗位与薪酬对应等。最后,绩效评估办法的制定等细微的工作。力求有效地解决目前存在的有关忙闲不均、工作可比性低而无法从整体评估、薪酬与工作量及质量不合理对应、薪酬方式与标准不统一等现象。

(3)人员聘用规划

首先,全面推行全员聘任制。在定编定岗的基础上,按照"岗位公开、双向选择、平等竞争、择优聘用、合同管理"的原则,实行全员聘任制。学校和教师按照国家的有关法律、法规,在平等自愿、协商一致的基础上,通过签订聘用合同或者签订聘约的形式确定事业单位和个人的基本人事关系,明确事业单位和个人的权利和义务。事业单位通过建立和实行全员聘用制度,可以实现用人的公平、公正、公开,也可以保障职工自主择业,促进事业单位自主用人,更能有效维护单位和职工的合法权益。同时对不称职而又教育无效的人员予以解聘下岗。其次,推行人事代理制度。人事代理制度是市场经济条件下产生的一种新的人事管理模式,运用社会化服务方式和现代化科学手段,按照一定的法律程序和政策规定代办有关人事业务。通过将人事关系管理和人员使用分离,实现了将"单位人"变成"社会人",摆脱了人事关系、档案等的束缚,形成"能进能出"的良性机制,减轻了原所负担的各项社会福利保障职能的压力。最后,推行机关部处负责人竞争上岗制度。这样就可以为党政机关优秀骨干人员晋职、晋薪开辟渠道,建立富有活力的用人机制,避免党政机关工作人员熬年头,凭身份、资历获取报酬的弊病。

2. 人力资源结构优化规划

优化人力资源结构需要通过不断补充外部人员和引导内部人员流动来实现。相应地,人力资源结构优化规划包括外部人员补充规划和内部人员流动规划。

(1)外部人员补充规划

所谓外部人员补充规划,是指为了对高校中长时间里有可能产生的空缺职位进行补充,而根据高校内外环境条件的变化和发展战略,然后进行计划性地吸收高校外部人员的规划。

比较预测的人力资源供求情况的结果,可以分析出将来高校有哪些岗位会空缺。如果有合适的内部人员接任,要考虑调动内部人员后将会出现的职位空缺,然后从外部吸收人员补充空缺的职位;假如没有合适的内部人员胜任这些岗位,则就要考虑从外部招聘人员进行补充。所以,一旦出现供小于求的情况,为了补充直接或间接空缺的岗位,就需要考虑吸收外部人员。

有计划地吸纳外部人员补充未来空缺职位是制订外部人员补充规划的目的。外部人员补充规划不但需要计划引进人员的质量和引进人员的数量,还要配合现实情况制订出一系列的计划以确保可以招到合适的人员。依据规划的步骤和内容,可以将外部人员补充规划再分成招聘规划和甄选规划两个子规划。

(2) 内部人员流动规划

所谓内部人员流动规划,是指为了实现在未来职位上配置内部人员,而在高校内外环境条件变化和组织发展战略的基础上,然后进行有计划性的高校内部人员流动的规划。内部人员流动能促进高校的"血液循环"。

高校内部人员流动包括晋升、调动和降职三种类型。降职流动较少使用,而晋升和调动,尤其晋升是经常出现的,这里主要介绍最为经常使用的晋升规划。

晋升是大家普遍熟悉的流动方向。晋升规划分为职务晋升和职称晋升两种。在职务晋升中,为满足职务对人的需求和教师追求实现自我价值的需求,要有计划地大胆起用那些管理能力出众、在学术上有建树的教师。在职称晋升中,为满足人才优化配置和机构合理性的需求,要为符合相应职称晋升条件的教师提供良好的晋升环境,创造积极向上的学术氛围。在晋升中,既要防止僵化,使教师看不到发展前途,挫伤教师的积极性;又要保证教师质量,避免名不副实。人尽其才,才尽其用,最大限度地发挥教师的积极性和能动性才是晋升规划的目的。

3. 人力资源素质提升规划

(1) 职业生涯规划

职业生涯规划是指教师根据自身兴趣、个性、能力和可能的机会制订个人职业发展规划;再依据高校内外环境条件变化和组织发展战略引导教师职业发展方向;然后高校安排教职员工制订职业发展的规划。

职业生涯规划有着明显的个人特征，使个人目标与组织目标达成一致是其目的。在设计职业生涯规划时，同时要考虑到环境、组织和个人三个层面。对于环境，必须积极配合；对于组织和个人，则可进行优化。它是一项系统的、长期的、持续的、有弹性的规划，影响员工未来行为和组织未来计划，因此，应有计划、有步骤地设计与实施。首先，分析环境因素、组织因素、个人因素。分析宏观环境，预测未来人力资源市场的供给与需求，重点关注那些可能是稀缺专业的人力资源，同时，分析未来的外部环境，预测高校可能发生的重要变化；分析组织的发展战略和与之相适应的高校人力资源规划，从大体上制订为二者服务的职业生涯规划，同时关注高校其他方面可能的变化，预测对教师职业生涯发展的影响；通过教师自我分析和组织的测评，掌握教师的基本情况，包括教师的人格（人格是个人相对稳定、比较重要的心理特征综合，包括个人能力、气质、兴趣、爱好和倾向性等）、知识、能力和意愿等，这是量身定做教师职业生涯规划的根本保证。其次，设计职业生涯规划。根据职业生涯各阶段的特征和规律，结合教师的个人情况，设计符合高校发展需要的职业生涯发展规划，促使高校发展和个人发展相一致。再次，执行规划。组织应制定切实可行的执行程序，提供相应的资源、方法和方案。为了促使教师实现个人目标，组织可提供相应的支持，如相关信息、必要培训、晋升机会等。组织引导和支持教师实现个人目标的同时，实际上也是支持组织目标的实现。最后，评估规划。定期将执行结果与规划目标相比较，寻找两者之间差距。一方面，要分析产生差距的原因；另一方面，要根据现实情况调整职业生涯规划，保证规划切实可行而又有激励作用。要总结经验和教训，提高高校未来制订和实施职业生涯规划的水平。

(2) 培训开发规划

培训开发规划是指为了使教师可以适应未来岗位，而根据高校内外环境条件的变化和高校组织发展战略考虑教师自身发展需求，然后对教师进行计划性的开发与培训，进一步引导教师的态度、提高教师能力的规划。培训与开发是两个既有联系又有区别的概念，它们各有偏重。一般而言，培训主要针对普通员工，而开发主要针对管理人员等核心成员。但二者的目的一致，即提高能力和转变态度。任何一个寻求发展的组织都应该合理地培训与开发，因为它是高额回报的投资。

在培训开发需求分析的基础上，制订培训开发规划。首先，要测算成本效益，规范培训经费的投入方向。具体来说，为实现经费投入的最优化产出的保证，培训规划应结合学校的教师队伍结构现状、物力、财力，以及学校的远景规划等实际情况来制订。与此同时，培训规划还要以学科建设为核心，以保证培训有利于学校的发展：有利于建设学科梯队；有利于教师整体素质的提高；有利于培养骨干教师和学科带头人；有利于师资队伍学历、职称结构的改善。其次，确定培训形式。要采取定期与不定期、短期与长期、校内与校外、国内与国外、学历与非学历等相结合的多样化培训模式，根据学校实际具体情况而采取多种形式实施培训，按照理论联系实际、实事求是的原则，针对不同层次的教师要进行不同形式和内容的培训，增强培训的针对性，以促进形成多层次、多渠道、全方位的培训格局。对于新进的青年教师，为使其尽快掌握教学与管理工作，要对他们进行岗前培训、教学和管理的基本技能培训，尽快提高他们的教学与管理水平。同时，要鼓励青年教师参加更高层次的学历培训，鼓励他们考研究生。对讲师或副教授等骨干教师和学科带头人、中层以上管理人员应积极组织参加高层次的研修班，促进其及时更新教育思想、管理观念和专业知识，了解学科发展的前沿动态，学习新的管理方法，进一步提高其教学、科研和管理水平。同时还可发挥学术研究会的作用，将一批重要的学科和专业列入研究范畴。若是想让教师不用走出家门，就能在参与学术活动中增长知识、开阔视野，就可以用专题学术报告的形式或者邀请知名专家学者来高校做报告、演讲。再次，激发培训主体的自发性。培训既是国家、学校及教师个体行为的整合，也是高校教师成长的必要阶段。加大对教师的激励与引导，能让教师产生学习的内在动力，把不断学习进步当成义务，能牢固树立"活到老，学到老"的积极观念，一步一步把培训自身转换为自发行动。大多时候人们往往会受制于自己的心态和周围的环境，所以激发培训主体的自发性要从改变培训理念开始，唯有自发意识下的培训行为才能达到最好的培训效果。最后，考核培训绩效。目前，教师的培训学习积极性并不高，是因为培训有时被当成休假、福利，最重要的是教师培训大多是有组织无考核，并且有的培训并不是和教师自身的意愿一致。因此，为了保证培训的有效性，避免资源浪费，要尽快对教学方法、学历学位、科研成果、知识结构等方面进行量化式考核，而考核的结果要与职务聘任、提高待遇、经费报销等结合在一起。只有通过考核评估，才能清楚地知道培训开发活动是否有效，才能为今后制订和实施该方面活动方案提供有益的参考。

（二）微观内容

1. 定编定岗规划、岗位职务设置规划

所谓岗位职务设置规划，是指根据高校内外环境变化和发展战略目标，通过科学合理的机构设置、定编定岗、人员聘用等方式实现人力资源的科学合理配置，分别为机构设置规划、定编定岗规划、人员聘用规划等。

（1）机构设置规划

高等学校机构设置应根据学校层次和规模遵循精简、统一、高效的原则，科学合理确定内部组织机构的设置和人员配备。

首先，高校机构设置要有章可循，实现科学化，制度化，通过制定相关政策来规范高校机构设置。高校增减机构要深入调研，论证增减的依据与必要性。其次，优化机构间重复交叉职责，按照国家"大部制"精神，该合并的合并，该撤销的撤销。最后，明确机构岗位职责，通过建章立制，坚持职、责、权一致的原则，明确岗位职责。

高校机构设置要进行改革。在改革的进程中，既要推进积极，又要实行稳妥，处理好改革发展与保持高校整体稳定之间的关系，这是因为高校机构设置的改革和调整关系到广大教职员工的切身利益，也需要政府部门的系列配套政策作为支撑。同时，确保了机构改革有利于教育资源的合理配置；有利于学校充分地调动教职工的积极性和主动性；有利于提高教育的总体质量和培养创新型人才。

（2）定编定岗规划

高校和政府是编制管理的两个主体，高校应以强化编制核定与内部编制管理作为主要任务，而政府主管部门应以总量控制和分类指导作为主导思想。岗位设置应具有一定的现实意义，而编制管理应具有一定的前瞻性和宏观指导作用。高校应加强编制核定与岗位设置的相互促进作用。在设岗时应以编制控制数量为上限，在定编时应仔细考虑岗位设置的实际需要，合理定编是科学设岗的前提，科学设岗是合理定编的基础，二者相辅相成，可

以互相检验。

职员编制是高校从事行政管理工作的人员编制，职员编制越精简，管理队伍的专职化程度越高，所占总编制的比例就越低，因此高校是否推行职员制或者管理队伍的专职化程度是影响高校职员编制的重要因素。高校是否推行校、院两级管理或两级管理重心下移程度是影响职员编制的主要因素之一。为有效减少高校职员编制总数，可以实行校、院两级管理，且二级单位包含经费支配权、初中级职称评聘权、内部人员岗位调整权、教学及学生日常事务决定权等。对学校职员编制产生一定影响的因素包括：高校管理制度是否健全、管理手段的信息化程度、业务流程设计是否合理、学校中层职级授权情况、激励机制是否有效、薪酬分配是否公平、员工是否有归属感等。

（3）人员聘用规划

首先，全面推行全员聘任制。在定编定岗的基础上，按照"岗位公开、双向选择、平等竞争、择优聘用、合同管理"的原则，实行全员聘任制。学校和教师按照国家的有关法律、法规，在平等自愿、协商一致的基础上，通过合同契约明确事业单位和个人的基本人事关系，明确事业单位和个人的权利与义务。事业单位通过建立和实行聘用制度，从而实现用人上的公开、公平、公正，也可以保障职工自主择业，促进单位自主用人，更能有效维护单位和职工双方的合法权益。同时对不称职而又教育无效的人员予以解聘下岗。

其次，推行真正意义上的"人事代理制度"。人事代理制度是市场经济条件下产生的一种新的人事管理模式，运用社会化服务方式和现代化科学手段，按照一定的法律程序和政策规定，代办有关人事业务。通过将人事关系管理和人员使用分离，实现了将"单位人"变成"社会人"，摆脱了人事关系、档案等的束缚，形成"能进能出"的良性机制，减轻了原所负担的各项社会福利保障职能的压力。

最后，推行机关部处负责人竞争上岗制度。这样就可以为党政机关优秀骨干人员晋职、晋薪开辟渠道，建立富有活力的用人机制，避免党政机关工作人员熬年头，凭身份资历获取报酬的弊病。

2. 人力资源引进规划

人力资源引进规划是指高校根据制定的战略发展目标，并结合学校内部及外部环境制订有计划的人才引进方案，从外部遴选符合自身发展所需人才、补充空缺岗位的过程。高校间的竞争归根结底是人才的竞争，人力资源的水平直接决定了高校的水平，人才的引进是高校人力资源队伍建设的重要环节，因此，制订科学合理的人力资源引进规划对高校的可持续发展至关重要。

一般来讲，人力资源引进规划的内容应包括：引进人员的类型、数量、各岗位的要求，以及为引进合适的人而制订的一系列宣传计划、遴选程序等。根据规划的实施步骤，可以将人力资源引进规划分为招聘规划和遴选规划两部分。

（1）招聘规划

招聘规划是指学校根据发展需要和实际情况，对招聘的岗位类型、数量和各岗位的具体要求做出的具体规划，是根据对高校人力资源的预测来制订的。由各用人单位具体制订，人力资源主管部门对其进行审核后实施。

岗位要求除了要明确该岗位需要具备的专业技能和综合能力外，还应符合法律的要求及上级教育部门的相关要求；招聘数量在学校空余岗位数内有计划地分年度实施，要考虑到学科间及人员层次等的平衡；招聘渠道要通过分析潜在应聘者的信息获取渠道而确定，通常的渠道包括平面及网络媒体、宣讲会、双选会及有针对性的猎头等，如招聘海外人才，可以选择在相关学科人才聚集度高的地域的媒体或国际知名学术刊物上进行宣传。目前，随着高校招聘标准的提高，尤其是对海外优秀人才的迫切需求，高校越来越注重拓展新的招聘渠道，如建立海外人才工作站、搭建青年学术论坛等都是有效的渠道。

（2）遴选规划

遴选是指从所有应聘者中选择与招聘岗位最匹配人选的过程，是人力资源引进中的关键环节，决定着人才引进的成败。用人理念、招聘规模、岗位性质等因素左右着遴选规划的制订，但一般来说，遴选规划应该包括遴选标准、遴选程序、遴选方法等内容。

遴选标准是对拟招聘岗位进行工作分析后，根据岗位需要制定的能从事此岗位工作的人员应具有的各类标准，可以分为生理标准、技能标准、心理标准。生理标准主要是指年龄、健康等标准等，可以通过应聘申请表、体检报告等来进行筛选，对于一些特殊标准，还可增加相应测试；技能标准包括学习经历、专业背景、工作经验、资格证书、工作能力等标准，是遴选的核心标准。技能标准的制定要考虑到高校自身的发展阶段、发展水平和供需关系。大学水平越高，一般对引进人才的技能标准要求也越高，即便是在同一所高校，岗位不同对应聘者的技能要求也有不同；对应聘者技能标准的考查，不仅要通过应聘申请表，还要通过笔试、面试、试讲、实践等多种环节进行；心理标准指岗位要求的心理素质和心理特征，对应聘者的心理健康程度，可以利用心理学领域的各种测试来进行，但对于忠诚度、努力程度及责任心则只能通过个人经历及应聘中的表现来推断。

遴选程序是通过一定的组织程序，以保证遴选标准能得到严格执行。遴选程序的设计一定要坚持公平、公正、公开的原则，才能充分发挥招聘的竞争性，确保遴选到符合标准的人才。在招聘中，学校人力资源部门和学院之间要合理划分责权，分别成立招聘专家小组，专家小组可以由负责相关工作的领导和富有经验的教师组成。学院招聘专家小组根据应聘者提交的简历进行初步筛选，然后通过笔试、面试、试讲等环节对应聘者能力进行全面考查（笔试也可由学校统一组织），提出推荐人员，并提交学院党政审查。对引进副高级及以上职称的人员，在学院党政审查前，还须院级专业技术职务聘任小组对拟聘人进行评审。对学院提出的推荐人员，学校应组织校级招聘专家小组进行评审，学校可以根据学院招聘的岗位数，要求学院按一定差额推荐人选。对通过校级评审的人员，学院可以组织其实习考查，实习考查通过后报学校人事人才工作领导小组，或分管校领导对结果进行审核。此外，为确保招聘过程的公开，应对人员情况进行公示，公示可以安排在学院评审环节，也可以安排在校级评审环节。

遴选方法是在遴选过程中具体的遴选实施方法，在不同的遴选过程选择不同的遴选方法，以达到该过程的目的。首先，是简历筛选。简历筛选主要是根据招聘岗位设置的部分生理、技能标准，如年龄、学历、专业、工作经历、专业水平等，对应聘者进行初步的遴选。为了更准确、快速地进行筛选，可以采用在线填写简历的形式，通过设置筛选条件进行电子化的筛选。其次，是笔试，一般采取集中的形式进行，多用于高校管理及辅导员岗的遴选中，其目的，为了考查应聘者的文化、专业知识、思维方式、公文写作等能力，还可以通过引入心理测量的方法，对应聘者的人格、性格、兴趣、价值取向等进行测试，为招聘者提供更进一步的遴选依据。面试是整个遴选程序必不可少的环节，通过面对面地交流互动,不仅是对应聘者专业能力、思维方式的深入考查,还可以更直观、更真实地对应聘者的心理素质、表达能力、应变能力、自我控制能力等多种素质进行考查,这是在简历筛选和笔试中很难做到的。面试可以根据不同的考查对象、不同的目的,而设置不同的面试,且可在遴选过程中设置多次面试环节,如在引进教师时,试讲可以考查应聘者的基本教学素质,研究报告可以考查应聘者的专业能力和学术水平。此外,面试的形式也可多种多样,如按照实施方式,可分为单独面试和小组面试。根据面试的标准化程度,可分为结构化面试和非结构化面试。根据面试的目的,可以分为压力面试和非压力面试等。在面试中,可以采用多种方法以达到考查的目的,如电话/视频面试、专题演讲、小组讨论、情景模拟等。最后,身份审查也是遴选的关键一环,尤其现在伪造学历、捏造学术成果行为常有发生,因此,高校在招聘时,应该严格对应聘者的学习经历、学术成果等进行审查,并对有伪造行为的应聘者实行一票否决。在招聘教师时,除了让应聘者提供必要的个人证明材料之外,还要提供同行专家学者的推荐信或评价材料作为参考。

3. 培训发展规划

当前世界正处于一个知识大爆炸的时代,知识老化周期正在迅速变短,一次性终结型的教育模式已经无法适应时代的发展,不断学习对于处在科学文化前沿的大学教师也显得尤为重要,大学教师在职培训的终身化已经成为一个不可阻挡的趋势。而大学教师作为社会高知群体的代表有其显著的特点,制订相对应的科学的培训发展规划就显得尤为重要。

高校教师培训的基本方针,必须考虑高校教师的学习特点,以及培训对于他们实际工作的意义,根据高校教师学科知识和文化知识充足的现状,把培训重点放在教育心理学和实践性知识方面,最终达到使高校教师能够运用自己已有的知识结构消化和吸收新的理念,并在实际工作中运用这些新的知识和经验进行决策,解决实际问题。

根据对高校教师素质的研究,结合高校教师的实际情况,我们确定了培训的基本方针,主要概括为以下四个方面:

(1) 培训目标的专业化

毫无疑问,高校教师是一种专业化的职业,这个专业化不只限于教师的学术研究方向,还应更多地注重教师传授专业知识的能力,比如说,系统地规划教学课程的能力。通过培训应该让高校教师能够从自身特点出发，提高教师的职业化意识和水平。

(2) 培训内容的现代化

当前是知识更新无比迅速的时代，对教育也提出了现代化的要求，所以对高校教师的培训内容也提出了现代化的要求，通过培训更新高校教师的教育观念，使得高校教师群体能够不断吸收新的教育理论，同时能够掌握不断进步的现代化的教学和科研手段。

(3) 培训体系的多元化

在全社会强调创新型人才培养的背景下，教师的培训体系也必然呈现出开放化的趋势和很多新颖的形式，包括校内的培训、跨校的交流式培训、远程网络培训等，在这种多元培训体系的条件下，应当注重加强对不同体系的宏观监管，强调不同培训体系之间的相互沟通与衔接，才能发挥出最好的培训效果。

(4) 培训方式的个体化

在对高校教师进行培训的时候，应当依据教师的个体差异、学科差异、教学风格等，采取不同的培训方式，使每个高校教师的风格能够得到充分发挥，而且技术的进步也使得这种培训方式个体化的实现成为可能，高校教师则通过多样化的方式，比如远程网络教育等来获得不同的培训内容和相应的培训方式。

4. 考核评估规划

所谓绩效评估规划，是指根据高校内外环境条件的变化和发展战略，制定一系列的考核标准和程序来评估教师的工作表现、工作态度、工作能力、工作结果以及人际关系等方面，目的是实现组织目标、部门目标、个人工作目标三者的紧密结合，从而形成一个高效的目标工作系统，以确保实现整体目标的规划。绩效评估不仅是检验人力资源管理活动的方式，还为人事决策和改进人事管理提供了依据。我们要在综合分析的基础上，努力建立起一种适应不同类型、不同层次、科学的绩效评估规划。

首先，建立科学合理的绩效评估指标体系。绩效评估指标体系的建立既要考虑经济效益又要兼顾社会效益，既要考虑基础学科又要兼顾前沿学科，能量化的指标要量化，定性的指标也应以分值和权重对应。另外，随着时代的发展变化，指标还需要动态化。

其次，科学地组织绩效评估程序。绩效评估要通过"自我评估—学生（群众）评估—

基层组织评估—单位评估小组评估—校评估领导小组审核—公布评估结果"等步骤对全校人力资源进行科学合理的全方位评估。为便于考评对象不断调整自身、优化自身，不断向发展目标接近，从而实现人力资源的优化配置，在每一步的评估中都应把相关信息迅速反馈给个人和基层组织，使评估程序公开透明化，做到公正、公平、公开。

最后，建立与绩效评估相结合的奖惩机制。学校应该将评估结果与体现个人价值的职称聘任、个人收入、选拔学科带头人等联系在一起，再结合评估的结果建立起评估激励机制。对成绩突出的要重奖，不合格或不能完成任务的要受到相应处罚。但所谓的奖惩并非都是物质利益，有时荣誉更会带来高于一切的效益。

5. 薪酬激励规划

（1）薪酬规划管理的意义

高校的工资制度从职务等级工资制度逐步发展为岗位绩效工资制度。随着高校管理自主权的不断扩大，高校发展战略正逐步将薪酬规划管理纳入自身体系中，探索建立完善的薪酬制度，更好地发挥薪酬这一重要激励手段的作用，对于有效吸引和保留杰出教学科研人才是必不可少的步骤，也是推动实现高校战略目标的强有力工具。

薪酬与每位教师的切身利益息息相关，不仅为教师提供基本的生活和发展保障，更是对其能力、价值和贡献的一种评价和认可。薪酬与高校人才的引进、稳定、考核和激励等各个人力资源管理环节相辅相成，共同促进人才强校战略目标的实现。

合理科学的薪酬管理有利于促进高校教师资源优化配置。薪酬对高校人才资源的优化配置起着基础性导向作用，对外保持薪酬的竞争力，有利于高校现有教师队伍的稳定，招聘适用的优秀人才；薪酬的稳定和增长，能增强教师工作的安全感，培养教师对学校的归属感；科学合理的薪酬差别可促进高校内外部人力资源的合理流动，尤其是高层次人才的流动，适时淘汰不适用人员，实现资源优化配置。

薪酬激励是最基本的人才激励办法，更是高校激励机制的核心部分。薪酬管理必须将以人为本作为出发点，充分发挥广大教师的积极性和创造性，从而营造积极进取、和谐向上的高校组织文化，形成公平竞争、共同发展的良好工作氛围，实现高校战略目标与教师发展目标的客观统一。

（2）薪酬规划管理内容

合理科学的薪酬规划需要高校根据自身的实际情况，结合教师的实际需求，从薪酬水平、机制、结构等方面进行规划制订，增强学校教师队伍的凝聚力和向心力，推动高校科学发展。

提高高校教师薪酬水平，建立稳定增长机制。高校应在严格的甄选机制下，提高对教师学术科研的资助和奖励，鼓励教师从事学术和科研活动。提高教师薪酬水平能够保证教师队伍的优秀和稳定。

适应市场经济发展，增强对外竞争力与内部公平性。高校教师薪酬在制定的时候，应注意拉开重点高校与一般高校教师之间的薪酬差距，拉开热门学科与普通学科教师之间的差距。

调整薪酬结构。国外的薪酬结构项目相对精确和简单，激励效果更明显。随着中国高校内部分配制度改革的深化，教师的工资项目繁杂，有国家工资、校内津贴、房租补贴、住房补贴、政府津贴、高层次人才津贴以及奖金等，国家工资占教师薪酬的比例不断降低，工资外的收入比例越来越高，由此导致教师对本职工作积极性不高。

建立有效的激励机制。从发达国家的高校薪酬制度中，我们可以看出其充分有效的激励和竞争效果。薪酬福利对教师有着重要意义，既是物质上的满足，也包含着成就和地位激励。合理的薪酬福利管理不仅有利于调动教师的积极性，还能吸引到国内外的优秀人才，为高校发展提供人力资源。同时要注意的是，实现教师的薪酬增长不能完全以职务的提升为标准，要充分体现教师的工作绩效和能力。

建立以人为本的薪酬福利管理。推进"政校分开，管办分离"，高校自主决定内部收入分配，积极探索丰富灵活的薪酬福利管理办法，满足教师需求的多样性与动态性。例如，为年轻教师提供继续学习的机会，对年长教师设计更多养老方面的福利，灵活安排休假时间等，满足教师在荣誉、发展和生活等方面的需求，让教师体会到高校无微不至的关怀。

6. 流动退出规划

中国高校在人员的流动退出机制上经历了几个时期，一是聘用制度实行前，事业编制人员流动只能在事业单位内部同性质岗位之间进行，很难实现流动；退出则只有违反了国家、高校的管理规约以"除名"的形式实现。高校自2002年以后实行了人事聘用制度改革，这个时期新进的事业单位员工实施了聘用合同管理模式，事业编制人员的自身主动流动性增大，但局限于合约条款、考核、社保很多配套制度的不健全，真正意义上的流动退出机制并没有建立，仍然存在着"只进不出""出不去流不动"的问题。目前，国家实行养老保险改革，在大环境的建设中使得流动退出的外部环境一体化，减少了外因的阻碍，高校只要合理利用合约管理，分类型、分层次建立考核要素，就能够建立合理的流动退出机制，理顺用人关系，搞活用人机制，提高用人效率，走出高校人事制度改革的重大一步。

流动退出机制的建立主要在于三大因素的合理利用：合约管理、岗位聘任、考核体系。

高校的岗位大致分为专业技术岗位（专业教师、专职实验、专职科研）、管理岗位、工勤岗位。

合约管理是流动退出机制建立的根本法律基础。高校聘用制实行以来，合约共性和个性化条款的有机结合，难以在流动退出中形成铁一样的证据，失去主动性。真正的法律基础应该是包括了任何涉及教职工切身利益的事项。

从岗位聘任来讲，所有的教职员工应当实行岗位聘任，并且签订《岗位聘任责任书》，明确不同岗位的聘任条件、聘任时间、工作责任、流动退出条件及路径。例如，专业教师应该是集教学、科研、实验、社会服务为一体的岗位特性，当该岗位上的人员不具备任何一个要素后，可根据自身选择流动至只有科研特性的专职科研岗位，或者是社会服务管理特性居多的管理岗位，实现内部、外部不同岗位间的流动；当该岗位上的人员几大要素的完成量未达到最低标准时，则应该退出岗位，进入待岗学习阶段，直至退出高校。

考核是流动退出制度的抓手，任何岗位上的员工是否符合岗位的要求都要依靠考核来衡量。例如，管理岗位分类中提到核心岗位的职责包括了岗位工作内容的上级政策研究、分析、解剖；本级政策的制定、解读；下级执行、理解政策的指导。考核指标中应该具备工作能力、同事认可度、业绩水平等的考评，当该岗位员工因工作能力的缺乏而未能达到考核合格，可根据情况选择调整为基础或服务型岗位；当该员工三项指标均未达标时，可考虑不再聘用，退出高校的管理队伍。

总而言之，高校流动退出机制的建立是一个系统工程，在岗位分类的前提下利用合约管理、岗位聘任、考核体系三大要素规划路径，实现"能上能下""能进能出"的高校人事管理体系。

二、高校人力资源规划制订的程序

（一）信息收集处理

在制订任何规划之前，应该进行调查，收集有关信息，对这些信息进行整理、分析，为制订规划提供有用的、及时的、真实的、准确的信息。信息的质量直接决定着规划的质量，所以要充分认识信息的重要性。在少数情况下，在某一个规划的制订过程中所搜集到的事实信息和评价信息就能明白无误地表明应当着手变革，它本身也足以令人做出采取行动的决策。良好的信息不仅有助于人们做出更理性的决策，而且也能激励人们做出更多的战略性决策。与高校人力资源规划有关的信息，主要从以下两个方面调查和分析：

1. 高校内外环境信息

高校以一定的状态在一定的环境中生存，所以高校管理者必须了解与之有关的环境。首先，要认识到高校的外部环境，包括外部的政治、经济、文化、科技、法律、社会、自然等环境；其次，要认识到高校的内部条件，包括高校的资源、竞争力、人员流动、组织结构、规章制度等一系列组织情况，仅仅认识到这些信息还不够，还应该对这些信息进行预测，估计在规划期内将如何变动，预测出高校未来的内外环境，才能据此制订出各项规划。

2. 高校发展战略

高校人力资源管理规划应以高校的发展战略为核心，是因为其服务于高校的战略发展目标，决定高校未来需要的人员规模、人员结构等，高校需要采取增长战略、紧缩战略、稳定战略或混合战略。

（二）确立目标

高校人力资源规划的目的是，在未来为高校提供合适的人力资源。合适的人力资源，即要在数量、质量、结构上合适，保证每个岗位上的人员合适。高校人力资源规划目标，是在预测人力资源供给量和需求量，并在此基础上再预测供求平衡的前提下结合高校的发展战略目标和总体发展规划而确定。

对人力资源进行规划，就必须掌握未来情况，高校人力资源部门却只能通过预测，对未来做一个最贴近的描述，这是因为未来具有很大的不确定性。在高校人力资源规划中，人力资源供给预测和人力资源需求预测是制订各种策略、计划和方案的基础，是人力资源规划中的核心，因此它们最关键。预测人力资源供给量和需求量，并在此基础上预测供求平衡情况是其预测的思路。

人力资源预测的结果大致分为三种：供求平衡、供过于求、供小于求。在实际情况中，供给和需求二者往往出现一定的差距，只要预测的供给和需求不平衡，就需要制定相应的政策调节，使其最终平衡。如果预测的供求一致，那么只要保持过去的政策就可以。制订人力资源规划要依据预测的人力资源供需平衡情况，各项规划的展开都是为了解决供求矛盾。

为使人力资源的需求与补充达到最佳的平衡情况，减少因为人力资源过剩或不足而造成的浪费或制约，就要在充分调查与分析、预测供需平衡的基础上制订人力资源规划，有效地进行人力资源的合理配置，使教师的岗位类别结构、专业结构、学科结构、学历学位结构、年龄结构、学缘结构、职称结构等合理地布局，并留有一定的岗位轮换空间，调动教师的工作积极性。

（三）制订总规划

制订高校人力资源总规划，以保证高校未来的人力资源配置的合理性。总规划都是从总体上统筹工作，如果没有总体上的规划，就很难理清各项工作之间的关系，无法理清工作程序。因此，任何一个庞大的工作都应先从总体上入手，而制订出高校人力资源总规划就成为首要任务。

高校人力资源规划方案的制订需要精心筹划，它涉及确定制订方案的机构、制订方案的期限、设计方案的内容及措施等一系列问题。制订高校人力资源规划方案，要注意三点：第一，注意高校人力资源总规划方案与各子规划方案之间的协调一致。譬如，培训开发规划与职业生涯规划、外部人员补充规划与内部人员流动规划之间的协调等。第二，注意规划与高校的发展战略目标和总体发展规划协调一致。高校人力资源规划作为高校总体发展规划的子系统，是为总体发展规划及目标而服务的。第三，注意高校的人力资源规划与教师个人发展之间的协调一致。在制订高校人力资源规划方案时，不但要考虑高校的发展战略目标，而且应同时考虑教师的个人发展，这两者之间关系的协调主要体现在高校人力资源职业生涯规划设计中。

（四）制订详细规划

高校人力资源规划牵扯到高校人力资源供求配置的多个方面，各个方面规划的形成是总体规划的有机组成部分。总规划需要各项子规划支持，否则无法实施。每个子规划仅针对一个方面、一个主题，只有将所有的子规划综合起来，才能形成系统的、有效的规划。

一般来说，高校人力资源总规划主要分为岗位职务设置规划、内部人员流动规划、外部人员补充规划、职业生涯规划、退休解雇规划、培训开发规划、薪酬激励规划、绩效评估规划、校园文化规划等。

（五）制订实施计划

1. 实施规划

高校人力资源规划只是一种针对高校人力资源的规划，要想发挥其作用，必须将规划变成行动。执行是管理中以其他环节为支撑的核心环节，因为结果由执行直接决定。如果缺少执行环节，一份再优秀的高校人力资源规划也只能变成一纸空文。在制订高校人力资源规划时，要考虑到其现实可行性。能否完全、正确执行，亦关系到规划能否最终实现。高校人力资源规划是一个长久的、持续的动态工作过程。因高校内外存在诸多不确定因素，使高校战略目标不断地变化，也造成高校人力资源规划不断改变。因此，高校人力资源规划应当滚动实施，不断修订短期计划方案。

2. 评估及反馈规划

监控是指对规划方案执行情况的监督和控制。在规划方案的实施过程中，须对规划方案的执行情况进行追踪监控和反馈，这样做是为了防止出现较大的偏差或失误，便于出现偏差或失误后能及时纠正，从而确保规划方案在实施过程中能逐步达到预期的结果。执行是保障高校人力资源规划实现的基础，监控是其实现的保障。在对方案的执行情况定期检查时，若出现执行偏离，首先，要做的是分析为什么会产生偏离，而产生偏差的原因可能有确定的目标和标准不具有可行性，或方案执行中存在问题，也可能这两种原因都有。其次，再采取相应的调整或纠正措施。第一种情况，可以修正原有目标和执行标准；第二种情况，需要采取具体措施来解决存在的问题。

确定衡量规划方案执行情况的短期目标、分目标及具体绩效标准，是进行规划方案监控的必要条件。短期目标是指实现总规划方案和子规划方案长远的目标而划分的阶段性目标；分目标是指根据规划方案总目标而分解出来的各子规划实施的方案的目标；绩效标准则是由短期目标或分目标分化出来的衡量目标实现程度的具体准则。分目标和短期目标既可以定性描述，也可以定量描述。

评估是人力资源规划实施以后的重要工作，不可忽视。或总结经验、或吸取教训都是十分重要的，否则，就难以修正、改进人力资源规划，进而影响人力资源规划工作顺利持续地展开。评估人力资源规划是下一步修订人力资源规划的基础。同时评估上一轮规划的得失，可以为下一轮规划提供经验，这些经验是非常可贵的，是通过实践得来的经验。如果不注意总结就会白白浪费这些宝贵的资源。

在对人力资源规划进行评估时，一定要及时、客观、公正和准确。评估所得结果应及时反馈，并对正在执行中的规划做出必要的修正和改进。评估时一定要征求院系部门和机关部门领导的意见。因为他们是人力资源规划的直接受影响者，能够获取普遍赞同的规划才是好的规划。

第七章
高校人力资源发展战略

第一节 高校人力资源发展的策略

一、人力资源与高校人力资源的发展

(一) 人力资源战略

1. 战略

"战略"一词来源于古希腊语,原来是一个军事术语,指"在战争中实行的一套克敌制胜的策略"。《韦伯斯特美语大辞典》则将战略定义为"谋略的巧妙实施与协调、艺术性的规划与管理"。在我国,现代意义上的"战略"一词在 20 世纪初才开始使用,但战略思想却源远流长。在《孙子兵法》等古代典籍中,对战略问题有大量论述。尽管我国传统的战略思想与当前企业战略所研究的内容有一定距离,但鉴于其在哲学思考层面的价值,加之许多当代企业家仍在使用这些来自战争领域的战略思想和术语来思考和表述问题,因此对于此书来说,熟悉这些术语对于理解高校战略管理大有裨益。一般把战略引入企业管理中较多,企业战略是以企业的生存和发展为主要目标的,对自己的竞争对手进行充分的了解,结合实际发展现状,对未来可持续发展进行有效的预测,制订出具有导向性的长期行动方案。

2. 人力资源战略

人力资源战略涉及人力资源管理的每一处,结合组织战略找到与之相配的人力资源问题,与此同时,利用人力资源战略目标的制定和策略的实施进一步解决人力资源问题。人力资源战略与组织战略的协调统一离不开领导、管理部门及业务经理三者的相互配合。人

力资源借助组织被纳入人力资源总战略和现实实践活动中,使得人力资源开发与管理的有效性获得提升,这样员工的工作效率有所增强,同时还拥有了比较好的发展机遇,还能够帮助员工的组织变革适应性提升,加快组织发展的脚步。

3. 人力资源战略的运用价值

(1) 保持工作的持续性

领导人员的持续性的提升需要通过继任计划来实现。持续性战略主要是用以确保员工离职后日常生活经营管理不受大的影响,该战略基本上可以保证几乎或者很少出现中途管理中断的现象。

(2) 制订战略规划

人力资源战略可以综合研究员工类型和所需员工技能,为制订战略规划提供便利,在人力资源战略制订过程中会搜集到很多信息,这些信息能够帮助战略规划在实际操作中更加客观地分析组织内部和外部环境。

(3) 自我评估

人力资源战略能够对职位任职的要求进行深入研究,帮助研究劳动力市场的变化趋势;能够通过对员工结构、技能和知识及求职者的职位适应性等方面进行分析,始终站在高于对手的一端,保证组织对劳动力队伍变化动态有着更加直观的了解。

(4) 提高效益

人力资源战略利用开发和培训资源计划,帮助员工更加合理明确地规划个人职业生涯发展计划;能够提供更加适应员工战略要求,在一定程度上合理安排计划预算和资源的有效分配。人力资源战略在劳动密集型行业中更是不可或缺的,最主要的是因为在密集型服务行业中,预算的主要组成部分是直接或间接的工资支出。人力资源战略会有效地计算出人员未来的短缺或过剩的情况,帮助工作效率提高。这是因为,对任何行业来说,人员的过剩和不足都是行业发展必然会遭遇的,当然也是必须解决的成本规划问题。如果能够对人力资源进行合理规划则有很大可能降低成本,这样能够使组织在同行业拥有相对较稳定的竞争成本。

(5) 适应环境

人力资源战略的评估会对现有员工技能和背景的外部因素造成一定影响，保证能够处理好组织和环境的关系的人才始终保持存在，以便保证与环境的适应性得到有效保持。

（二）高校的人力资源发展规划

高等学校是一个教育机构或组织，其主要任务就是培养人才、发展科技和服务社会。当然也可以说，高校是一个独立办学的事业法人实体。战略理论在大学管理实践中的运用就是我们常说的高校发展战略，也是借鉴企业战略理论在高等学校组织中的重新定义和发展。现代社会是知识经济时代，人们普遍获得一种认同，人力资源已经转变成为高校的核心资源。高校的核心发展本就是人的发展。然而高校人力资源能够发挥得淋漓尽致，一定是离不开高校人力资源战略的实施和应用。如果人力资源处于一种无序的、混乱的状态，那么不仅人力资源的发挥大打折扣，很可能会导致学校战略目标无法顺利实现。因此，高校必须制订合理的人力资源方案，只有确保人力资源发展战略的科学性和合理性，现有的高校人力资源才能更好地组织起来，发掘人力资源的最大潜能，保证高校战略实施的顺利开展，更是促进高校发展的强大动力。因而，人力资源的高校管理核心地位不能被动摇。

人力资源的战略基础是学校战略，人力资源想要获得大的发展就必须与学校的发展战略相互配合、相互作用。学校的发展战略是学校在较长的时间内的办学思想和一定时间内的管理办法，其必然具有全局性、长远性和根本性的特点，是应对措施的一种制度和手段。学校人力资源管理相对于一般人力资源管理而言，具有其特殊性。高校人力资源战略的构成因素由四个方面组成：一是高校人力资源战略成功的关键因素——战略理念；二是高校人力资源发展具有导向作用的因素——战略目标；三是人力资源管理的难点和要点——战略要点；四是高校人力资源是战略思想的保障——具体对策，也是战略目标得以成功落实的重要保证。

总的来说，我们可以将高校人力资源发展战略简单地定义为：以高校的整体发展战略规划为基础，对高校内部条件与外部环境进行分析，从而预测未来组织任务与环境对组织的要求，再按照针对人力资源管理设定的计划和方法，通过人力资源的活动来实现高校的战略目标。高校战略规划和战略管理不可分割的组成部分就是人力资源的战略。由于人力资源因素渗透在战略规划活动的过程中,人力资源的管理人员必须实际地参与战略规划,以便于组织战略和人力资源战略在早期的结合。简言之,即强调人力资源对高校发展战略目标的支撑作用,便于找到资源供给和需求间的平衡点,配合其他人力资源系统,保证高校的长期目标得以实现。

二、高校人力资源发展战略的特征分析

同企业人力资源战略相比,高校人力资源战略不仅具有战略的共性特征,也具有明显的个性特征。

(一)共性特征

高校人力资源战略是关系到学校全局成败的谋划,同样着眼于发展与未来目标,它体现的是高校发展核心的思想与方法。

(二)个性特征

由于高校属于教育组织,因此,高校人力资源战略自然也具有一定的学术性;高校是一个培养人才和传播学术的组织,高校中的人力资源战略的复杂性比较明显;高校是以人为本,包含教育、科技及服务三类资源的大系统,高校的人力资源战略导向性十分强烈;高校的整体状态是稳定性比较强的组织,所以,高校人力资源战略发展也必须存在很强的稳定性;高校是社会培养人才的平台,高校的人力资源战略自然离不开与社会的相互适应。

三、高校人力资源发展战略的现实价值

(一)市场经济体制下使高校形成持续竞争的优势

现今社会体制与原有的计划经济时代相比,有着较大的差别。当然,在市场经济体制下,我国高校的办学环境也在发生着重大改变。《高等教育法》规定,在政府宏观管理下,高校要面向社会依法自主办学。首先,一个较为重大的课题就是高校如何自主发展;其次,高校的投资体制已经完全转变,不再是仅仅依靠政府资助的组织,转变成由政府拨款、学

生缴费与学校筹资三方结合的全新体制。在新的教育体制下，存在很多需要解决的问题，如在招生方面优质生源市场如何扩大，人才市场如何向毕业生开放，科研怎样进入经济战场成为主力军，等等，这些问题不仅对学校的发展有影响，更重要的是可能关系着学校的兴废这个严肃的问题。在新形势下，传统的高校发展思想必然需要被更替，研究高校在新背景下的发展出路是当务之急。对于高校而言，外部环境充斥着竞争的硝烟，越来越激烈，高校不能长时间地保持自身的竞争优势不变。很多高校原有自身的竞争优势，而一段时间后，其他学校争相效仿，优势反而成为劣势，不能成为高校发展的不朽动力。但是通常情况下，较为优秀的人力资源所累积的竞争优势不容易失去，同时也不容易被模仿。因此，可以看出，优秀的人力资源对于高校的稳步发展和竞争力的发挥有着不可或缺的价值。高校如果能够合理地开发相应的人力资源，制定相应的人力资源管理策略，那么它将是高校屹立不倒的最大竞争力。

（二）在高校管理改革中使高校识别战略目标

我国的高等教育管理体制随着社会的变革有着根本改变，现在中央和地方两级办学的体制已经完全取代了原来的部门办大学的格局。首先，旧的办学模式、办学思想与办法都在新体制下有着全新的面貌，获得相应的变革。其次，对于原来存在学科、办学理念、办学传统差异的学校进行合并，并统一到新的办学要求来实施，这也是高校革新的必经之路。在新的体制背景下，学校的内部环境和外部环境都在随着时代的变化不断进行调整。学校间竞争优势的关键因素是人才竞争。高校的管理者应该更加明确地认识到人才的淘汰和人才的需求。总的来说，人力资源可以帮助学校明确自身的发展变化和了解人力资源的现状，并且能够根据人力资源的信息，推算出供求关系，以此来制定策略，指导实践活动。高校人力资源管理具有预见性，对于学校适应社会变化和提高自身竞争力很有帮助。

（三）帮助高校实现战略目标

"科教兴国"战略是由党中央国务院明确提出的。所谓科教兴国，有三点，科技是关键，人才是希望，教育是根本。高等学校责任重大，担负着教育、科技及人才的重托，也担负着国家发展的历史责任。国家与人民的期望和高校的发展有着密切的联系，高校战略目标的实现必须细分为更加具体的目标体系，加以有效的资源保障和资源配置，同时通过更加科学、合理的激励和约束制度，才能真正实现高校人力资源的战略目标。高校人力资源的决策对实现学校的战略目标意义重大，并且从学校的不同层面进行影响，比如环境层面、学校层面、人力资源部门层面及任务层面等。人力资源战略与规划以战略目标为基础，利用合理的规划将资源与目标统一地应用到工作任务中，还能够针对计划的制订、实施和评估、反馈等环节，确保政策的连贯性和一致性。

第二节 高校人力资源战略规划

面对瞬息万变的内部外部环境和日益多样化的人力资源需求，各大高校日益意识到加强人力资源战略管理的重要性和紧迫性。制订人力资源战略规划是高校人力资源战略管理的第一步，其在整个高校人力资源战略管理流程中占据着非常重要的地位。

一、高校人力资源的规划措施

（一）高校人力资源规划的定义

高校人力资源规划指的是以学校总体发展战略为指导，按照学科建设目标的要求，分析本校现有人力资源的素质、年龄与性别结构、学缘、学历与职称结构以及创新性学术团队等因素，预测高校发展环境的变化及人力资源供给与需求状况，制订的相应的人力资源规划，包括短期、中期以及长期规划。高校人力资源规划是高校战略规划的一个子规划，它是整体战略规划的中心内容，是实现学校战略目标的重要保证，是保障学校可持续发展的重要手段。而对于高校来说其人力资源管理的最核心内容就是师资队伍的建设，所以，为了更好地理解高校人力资源规划的具体内容，下面我们以师资队伍建设规划为例来进行阐述。

（二）高校师资队伍建设规划的内涵

1. 高校师资队伍建设规划

高校师资队伍建设规划是指高校在环境变化中通过科学地预测和分析教师资源供给

与需求状况，明确建设的指导思想与目标，制定必要的政策和措施，加强师资队伍建设的总体性建设方案，使学校组织和教师个体得到长期的利益。

2. 高校师资队伍建设规划的内容

师资规划包括总体规划与具体计划。总体规划主要包括指导思想、总体目标、具体目标、主要措施等几个部分。具体计划是对总体规划的分解，分院（系）、分年度、分项目制订。这里主要探讨总体规划问题。

（1）指导思想与总目标

指导思想是制订师资规划的灵魂，是指导制订规划的思想与理论基础。指导思想上有偏差，就会失去正确方向。在新时期，高校师资队伍管理与建设的指导思想与总目标应该是：要坚持队伍素质中心化建设、学科龙头化建设，重点培养中青年学科带头和骨干教师，坚持依法治校、深化改革、调整结构及内涵发展的方针，坚持开放、创新及高校的原则，建立有利于教师资源优化配置的可持续发展机制，建立一支具有高水平和高素质的教师队伍。

学科在现代高校中已成为发挥教学、科研、社会服务三大功能的基本单位。学科建设的成败与优劣，直接影响高校的办学实力与核心竞争力。因此，在师资队伍的管理与建设中，在制订规划与计划中，必须以学科建设为龙头。师资队伍管理要以学科为基本建设单位，学术梯队的形成、学术带头人和骨干教师的引进和培养、各种竞争激励措施的落实等都应围绕学科建设而开展扎实有效的工作。要改变过去师资队伍管理中，以学校和院（系）为基本单位的重师资数量、重表层结构的做法。

建立长效的竞争激励和开发机制是确保师资规划取得实效和师资管理目标实现的关键因素。在当今社会倡导以人为本的背景下，充分调动每个教师的积极性、主动性和创造性是师资队伍建设的目的所在。通过建立以实行聘用、聘任制和考核为核心的竞争机制，以实行校内岗位津贴制度、择优使用与职务晋升为主体的激励机制，以培训培养为重点的开发机制，将有力地调动教师的积极性。新的规划要努力克服以往"管理过死，约束过多"的状况。

相对具体化的目标的确定与表述对师资规划制订与实施起到纲领性作用。师资队伍建设的总目标，包括师资的数量目标、师资的素质目标、师资群体的结构目标、师资精神状态的目标等多个方面。具体化表述有利于目标的清晰，从而使总目标更好地发挥导向与激励作用。因此，各高校在制定总目标时，要力避简单化、笼统化。

(2) 具体目标与主要任务

具体的目标与任务是师资规划的重要组成部分，它是对总目标的分解和细化，更具有操作性。它可以通过评价来检查规划实施后是否达到预定的目标。

第一，管理机制建设目标。要进一步完善普通教育、职业教育、成人教育和高等教育相衔接的教育体系，完善继续教育和培养制度，建立健全人才培养机制。要建立以业绩为重点，由品德、能力等要素构成的各类人才评价指标体系，建立健全科学的社会化人才评价机制。要建立以公开、竞争、择优为导向，有利于优秀人才脱颖而出，充分施展才能的选拔任用机制。要进一步发挥市场在人才资源配置中的基础性作用，建立完善人才市场服务体系，形成促进人才合理流动的机制。要建立健全与社会主义市场经济体制相适应、与工作业绩紧密联系、鼓励人才创新创造的分配制度和激励机制。要改革和完善人才保险制度和福利制度，建立健全人才保障机制。建立健全和完善上述六种机制，对于高校师资队伍建设具有极其重要的意义。高校应根据讲话精神，结合学校实际，在社会的配合下，积极主动又慎重稳妥地建立和完善这六种管理机制，使师资队伍的工作积极性和创造性得到进一步的发挥，使师资队伍的总体素质得到进一步的提高，使师资队伍建设和管理收到更好的效果。

第二，结构与素质目标。高等学校教师队伍的结构要逐步趋于合理、规范，整体素质要有大的提高。各校应根据自身实际和办学发展目标要求确定合适的职务结构比例。目前一些高校"近亲繁殖"现象依然存在，这不利于学术的广泛交流、交叉学科的建设和竞争机制的有效建立。从年龄结构看，要努力避免老龄化倾向和过度低龄化。教师成长有个过程，与年龄的分布有一定的关系，不应当再次重现"青黄不接""中青年学科带头人断层"和"高职称教师年龄老化"等现象。

第四，学术梯队建设目标。高校要根据学科建设和专业建设的需要造就学术梯队，包括高层次高水平的学科带头人队伍、具有优良素质和能承担创造性工作任务的学术骨干队伍和具有发展潜力的学术后备力量。在学术梯队建设目标中，要突出培养各级学科带头人这一重点。各校要根据自身办学层次和追求的目标，分别提出培养各级学科带头人的目标要求、待遇和保障目标。高校要在政府和社会的支持和帮助下，通过自身的努力，不断提高教师的待遇。工资收入要达到较高的水平，教师家庭人均住房面积要达到和超过当地城镇居民人均居住水平。要实行医疗养老保险等社会保障制度，切实保障教师的合法权益。有条件的高校要在校内明确更好的福利待遇，如为教授配保健医师等。

(3) 主要措施

根据师资规划的目标要求，高校须采取各种有效措施，加大建设力度，以促进各项目标任务的完成。各校实际不同，采取的措施也可有不同的重点、不同的方式和形式。这里从组织保证、财力保证、制度建设和确定工作重点四个方面加以阐述。

第一，组织保证。加强师资队伍建设与管理工作，需要组织来保证。高校教师属于高层次人才，高校师资管理也必须坚持党管人才的原则。党委要在师资队伍建设与管理中起领导核心作用，要充分发挥其组织的思想政治优势、组织优势和密切联系群众的优势，为做好师资工作提供坚强的政治保证。校长亲自抓师资队伍建设和管理工作，这是法律赋予的权利和义务。学校人事和师资管理部门作为职能部门，要在党委和校长的领导下，解放思想，开拓创新；要进一步明确职责任务，采取有效措施；加大建设、管理和开发力度。其他各相关部门，如教务处、财务处、后勤管理办公室等部门要积极配合，主动协助做好师资管理工作，不坐观，不推诿。随着校院二级管理体制改革的深入，学院（系）在师资管理与建设中应发挥重要作用。院（系）的党政领导班子在师资管理与建设中，要进一步增强责任意识，加大本院（系）师资队伍建设的力度。

第二，财力保证。师资队伍建设与管理工作，离不开财力的支持。师资引进、师资培养、师资使用和师资经济待遇的提高等方面都需要财力加以保证。在市场经济背景下，在国际国内人才竞争日益激烈的条件下，高校的师资队伍建设与管理工作，更需要有较大的财力投入，才能取得好的建设效果。因此，学校要加强预算，有重点地加大经费的投入力度，确保师资队伍建设与管理的需要。

第三，制度建设。为了实现总目标，特别是达到总目标中建设富有活力的高水平师资队伍的要求，制度建设至关重要。这里涉及一系列关于补充和引进、聘用与聘任、培养和培训、考核与奖惩、工资与津贴、福利与社会保险等方方面面的制度。高校要根据本校实际，深入调查研究，在建立完善培养机制、评价机制、选拔任用机制、人才流动机制、激励机制和保障机制的总体要求下，有重点地制定一系列具体的执行性制度。

第四，抓住几项重点工作。根据抓主要矛盾的哲学原理，在众多的措施和具体工作中，要善于抓住工作重点，推进师资队伍建设。一是要依法管理。要全面贯彻落实《教师法》《高等教育法》《教师资格条例》等法律法规，在教师资格认定、遴选任用、职务聘任、培养培训、流动调配、考核奖惩、工资待遇、申诉与仲裁等主要环节上实现依法管理和依法执教。二是加强教师的思想政治工作。提高教师职业道德水平，要增强高校思想政治工作的针对性和有效性；要对优秀教师进行表扬和奖励，同时还要对他们的先进事迹进行一定程度的宣传，号召更多的人向他们学习；政策向导也要跟进强化，将职业道德规划成教师职务聘任和工作考核的重点。三是为加强干教师队伍建设，要保证"高层次创造性人才工程"顺利实施。高校要把新兴学科和边缘学科的发展方针作为重点发展对象，加强基础学科和应用性学科发展的同时，有针对性地加强对新兴学科和边缘学科的计划和发展。这些学科的发展需要采取政策倾斜性和方式的多样化，以便于更好地为中青年教师中骨干教师和学科领头人的培养服务。具体办法包括建立特聘教授岗位，选拔和培养国家、省和校级学科带头人和骨干教师，设立优秀青年教师教学和科研奖励基金等各种基金，建立重点实验室和开放实验室访问学者制度，选拔高校管理骨干和实验室骨干作为高级访问学者到国外著名高校进行研究交流等。四是强化教师培训，提高教师队伍素质。五是调整师资队伍结构，优化教师资源配置。六是以人事制度改革为核心，深化学校内部管理体制改革。七是采取有效措施，大力改善教师地位和生活工作条件。八是建立和完善教师工作的支持系统，如管理信息系统、服务体系等。

上述八大工作重点，对于师资队伍建设与管理目标的实现起到重要的作用。从这八大工作重点中，我们也可以清楚地看到，有三个基本内容贯穿于八大重点工作之中，它对于实现师资规划的目标起到基本途径的作用，即培养、引进和调整。

二、高校人力资源战略规划的重要性

高校人力资源战略规划对高校人力资源管理起着非常重要的作用，主要体现在以下几个方面：

第一，高校人力资源战略规划是学校总体规划的重要组成部分，有利于高校目标的实现。通过师资规划的科学制订与认真执行，有力地促进学校总体规划的制订与实施，从而为实现办学目标发挥人力资源的基础性作用。

第二，高校人力资源战略规划是师资补充、引进的依据，有利于高校人力资源的合理配置。在规划中，具体地规定了师资的数量、素质、群体结构需求等内容，这就为师资的补充、引进提供了依据。

第三，高校人力资源规划战略是教师人力资源发展的基础，为教师职业生涯发展提供重要的参照。人力资源发展包括人力资源预测、人力资源补充与人力资源开发三个基本环节。师资规划制订与执行是一个师资需求预测的过程，也是根据预测的结果进行补充与引进的过程。同时，对已有人员根据目标的要求进行培训、培养，使广大教师的潜力得到进一步挖掘，素质得到进一步提高，从而使教师人力资源得到进一步开发，有利于人力资源效益的提高。师资规划可以对现有与未来人力资源的数量与结构逐一分析与预测，找出影响教师人力资源有效运用的关键因素，使人力资源效能充分发挥。同时，减少人力资源的浪费，降低教师资源在办学成本中的比重。

三、高校人力资源战略规划的制订流程

高校人力资源战略规划的制订是一个连续统一的过程，从问题的分析，到目标阐述，环境分析，最后到战略决策，这四个阶段紧密连接、环环紧扣。

（一）问题分析

问题分析主要是对高校人力资源管理中存在的现实问题进行分析和确认。这具体表现在人力资源的招聘、录用、分配、奖惩、薪酬等环节。当然每一个环节在整个环节中具有不同的重要性，而每一个环节中的问题也有轻重缓急、关键性与非关键性的区别，所以我们还是要抓主要环节中的主要问题。

（二）阐述目标

目标的确立是行动的先导。根据人力资源管理的现状及所存在的问题、需求而设立合理、可行的目标。人力资源战略规划的目标也往往回答"我们人力资源管理要达到什么结果"。高校在进行人力资源管理中所设立的目标，可以按照年限分为四种不同的类型：长期目标（15年）、中期目标（10年左右）、短期目标（5年左右）和年度目标（1年）。如果按照层级来划分，又可以分为总目标、子目标和单元目标。

（三）环境分析

环境分析主要是针对高校所具有的内部优势和劣势以及外部环境的机会和威胁进行分析，主要采用SWOT模型进行分析。比如说内部因素分析。内部优势主要指的就是高校自身的发展、声誉、专业、教师人才队伍、组织文化、科研能力和成果以及图书馆、阅览室、体育馆、健身馆等硬件设施等。内部劣势主要包括观念滞后、体系不健全等。外部因素涉及的内容更宽泛，包括背景、政策、环境等。

（四）战略决策

战略决策是指设计、评价和选择高校人力资源战略规划方案的过程。所以其主要包括三个阶段：首先，方案设计阶段。为了实现高校人力资源管理的战略目标，根据高校人力资源管理的现状、需求、内外部环境变化的信息而设计的一系列方案。其次，方案评估阶段。高校人力资源战略方案设计出来之后，由高校相关人员对方案进行评估。评估力求客观、公正和科学。选定评估标准，按照各种方案的优劣程度进行排序，以便选出最合理、最优化的方案。最后，方案的选择。高校决策层，秉承公开、择优、高效的原则，挑选运行成本最低、产生效益最大的战略规划。

第三节　高校人力资源战略实施

一、高校人力资源战略实施的对象

传统的高校人事管理对象包括教师队伍、干部队伍和服务队伍三类，也就是我们常说的人事管理的"三支队伍"。队伍建设是高校建设的核心，而教师又是队伍建设的重点对象，是人力资源管理和学校重点培养的对象，尤其是专用性比较强的教师更是高校发展强大的核心竞争力。与此同时，为了使高校的管理部门能够深入高校师资队伍的每个角落，深入各类专业教师中，高校需要根据学校的整体发展目标，对人才的类型进行相应规划和对人才管理范围进一步扩宽。高校在"三支队伍"运作过程中，首先应该对专业技术人员根据不同的类型进行一一分类，可以将各类专业技术人员分为教学人员、科研人员、教学技术人员及教学辅助人员等类别；可以将干部队伍分为行政管理干部、党群学工干部这两类；将服务队伍划分为服务人员、技术服务人员和管理人员三类。人才的划分能够更加明确每位教员的基础能力和职责。除此之外，人才是需要不断更新的，新的活力需要不断注入教学中，所以高校还要按照组织实际的需求，面向社会广泛地寻找各种级别的特殊人才，充实教学力量，保证高校教学保持新鲜和活力。高校的人力资源管理属于比较宽泛的管理，不存在针对某一部分人的管理。在人力资源开发时要根据不同人员个性和岗位需求，制定因地制宜的策略，循序渐进地对不同类别的人员进行开发，从而保证高校内部整体人员的素质始终能够处在行业的优势地位。

高素质专业人才的培养基地就是高校，从战略高度的角度来看，高校资源开发和配置力度需要进一步加强，教职员工的潜力需要不断地进行挖掘，最后实现人力资源的优化。这些对于应对激烈的国际竞争，对于全面建设小康社会有着重要意义，同时也是开创中国特色社会主义发展新局面的必然要求。

二、高校人力资源战略实施的原则

一个好的人力资源战略的制定是人力资源战略制定和实施的重要原则。人力资源战略制定和实施要以本校实际情况作为基点，在此上衍生对时代背景下高校发展趋势的判断和掌握；同时，人力资源的开发和建设需要立足当前，放眼长远，要有前瞻性和可操作性；人力资源战略的制定和规划必须是统一和灵活的结合，还要是配合性和博弈性的结合。所以，在高校人力资源战略的具体制定和实施过程中，应该注意三个原则的把握：

（一）自我诊断原则

自我诊断原则要求制定人力资源战略必须以核心竞争力和比较优势作为自身的基础。战略诊断是战略制定和战略选择的重要基础性因素，因此对学校现状的分析十分有必要。一般来说，现状分析的要求是选择针对性的人才，发现在高校人才队伍建设中的不足和缺陷。现状的分析需要从学校教学、课程设计和学生管理等方面入手，对有关数据进行细致分析，然后在这些数据的基础上，对学校的招生质量、教学研究水平、人才市场竞争力等方面进行全面、客观的分析，以便能够准确地认识和了解学校人才培养核心竞争力的水平、阶段和发展各种要素。当然，在核心竞争力的培训过程中，应该坚持有所为有所不为的原则，充分地发挥自身的优势，以获得意想不到的成功。

（二）前瞻实用原则

前瞻实用原则要求制定人力资源战略必须具有前瞻性和可操作性。高校人力资源的战略是面向未来，但是战略目标确实要立足现实，只有坚持一切从实际出发，才能提出更加科学化的发展要求，创造良好的发展条件和制定正确的发展策略，这就是我们常说的资源战略的前瞻性的具体表现。资源战略除了前瞻性还有一定的可操作性，简而言之，就是能够在现有和可能的条件下完成对战略目标的实施。因此，人力资源战略的实施必然需要有合适的指标和可比性的数据，找到具体的、可行性的对策和措施。

（三）权变博弈原则

权变博弈原则要求制定人力资源战略必须具有统一性和博弈特征。我们对于高校周边的环境和情况的认识属于不确定性认识，也不能完全地掌握周边的人事环境。出于这个原因，一种主动灵活的精神与博弈的功能会出现在我们制定的人力资源战略中，这种主动灵活的精神和博弈的功能在高校未来人才培养的过程中，能主动迎接社会环境变化的各种困境和灵活适应各种挑战。战略系统对于环境影响下的各种机遇或挑战，都具备一定迎接对策和方法。

三、高校人力资源战略实施的措施

高校制订出人力资源规划后，下一步就是付诸实施，这一阶段是人力资源规划具体落实到各部门、各环节的过程。规划的合理和实用与否，全看实施的效果是怎么样的。

高校人力资源管理的战略方案付诸实践需要经过两个阶段，一是选择阶段，一是执行阶段。通常来说，战略选择阶段的方案最后还需要在执行阶段具体实施来检验。人力资源战略方案的实施需要保证最重要的两点，第一，要保证目标实施的时候有专业人员进行全程负责和监督；第二负，责监督和实施目标的的人员需要被赋予一定实际权力和资源。此外，除了这两点，负责人需要定时报告战略目标的实施情况，保证在规定的时间内实现既定的目标方案，确保预测情况和实际现状不会有太大出入，一致性比较高。因此，我们需要对人力资源战略计划实施过程进行严密的控制，比较有效的控制包括人力资源的信息系统的建立、控制实施人力资源供应以及人力资源成本的降低等。

（一）建立高校人力资源信息管理系统

高校中主要负责组织进行有关人力资源工作方面的信息收集、保存、分析和报告的系统是高校人力资源信息管理系统。所谓系统，就是指为某种目标的实现而将各种比较琐碎、细小和分散的信息进行综合性整理的过程。信息系统可以分为人工的和计算机化的两种。一般组织人数在250人以下的小型组织，通常会采用人工的档案管理和索引卡系统，这种方式对于小型组织是比较有效的。而计算机化的信息系统通常应用于大型组织，人数比较多，人工管理比较费时和麻烦，人力资源信息用计算机储存是一种发展的必然。管理者在做决策的时候需要比较准确和及时的信息资料，倘若资料信息存在不足和缺失，可能会影响决策的实施。同时，计算机系统信息的储存同样需要分类仔细，在必要的时候提供所需信息，这样才能发挥计算机的实际作用。

（二）建立高校人力资源信息系统的步骤

一个完善并有效的人力资源信息系统的建立，大概要经过四个步骤。这四个步骤并不完全是独立的、截然不同的，实际上，它们彼此密切相关。通常，在得到高层管理者的强有力支持的前提下，遵循下述的四个步骤就能得到一个相当有效的人力资源信息系统。

1. 搜集有关需求问题

在确定要求或评估现有信息系统时，需要回答以下问题：对新系统的要求是什么及目前的信息是如何传递的？信息使用情况如何？这些信息对决策的影响如何？

2. 合理排列需求信息

高校人力资源信息系统的设计必须确保排序在前的信息的提供，而排序在后的信息只有在其带来的收益大于获得这些信息的成本时才能够提供。信息需求一旦确定，人力资源信息系统的概念设计就完成了。

为了设立信息需求的优先顺序，每位管理者应该制定自己的优先顺序名单，这些名单最终汇总成整个高校的统一名单。有些部门会发现，他们列于首位的信息在整个高校的名单上排名靠后，相比于高校的信息需求来说，其起着支配主导的作用。所以，其他部门的信息靠后是服从于总目标需求的表现。

3. 整理汇总需求消息

根据高校的实际需要，开发一个报表系统，并用图表表示出来。根据专家的建议，一个简化的人力资源技能信息库也至少应包括以下内容：工作经验、学历情况、执教经验、外语水平、职业兴趣和工作绩效评价等指标。此外，在提供信息时还应该将整个高校作为一个整体来对待，以免信息重复。

4. 建立需求信息系统

在最终确定了证实模式之后，新的人力资源信息系统就可以运行了。人力资源部门要为系统的运行创造条件。要确定空间位置，选择必要的设备，还要考虑好其他系统运行的必备条件。完成这些准备工作后，还要着手培训项目。软件可以自行开发或外购。而高校的各种数据资料就可以通过编程的方式输入软件的参数体系，从而建立人力资源管理信息系统。

在系统运行的过程中，人力资源部门还应该定期检查、评价系统运行状况和提供信息的数量和质量。定期进行维护，以确保不断加强和改善系统，使其更加完善和有效。

（三）加强高校人力资源的供应控制

当高校预测了未来的人力资源需求后，下一步就是分析高校人力资源的供应问题。高校人力资源的供应来源主要是外部的劳动力市场和高校内部的现有职员情况。

1. 外部劳动力的供应控制

随着我国教育部门对高等教育的重视，每年毕业的硕士研究生、博士研究生和博士后数量剧增。数量的剧增也导致了竞争愈加激烈。一般来说学历越高，追求稳定生活的心态也就越强烈。大多数的国内高学历者依然选择高校作为自己的理想工作场所。但是每年高校的编制十分有限，除了一些特别专业或是特殊人才的引进，一般对于应届毕业的硕士或博士的需求还是少之又少。对于重点学科的建设，通常的情况就是从别的知名高校引入，那样既节省了培养成本，又能提高本校的声望。因此，对于高校外部高学历人才的供给还是严格控制的。

2. 内部人力资源供应控制

内部人力资源供应首先从现有员工着手。为了避免人力资源的流失或损耗，管理人员必须对造成员工损耗的因素加以分析。导致员工损耗的因素可分为高校内外两个方面：员工受到高校外部的吸引力所引起的"拉力"和高校内部所引起的"推力"。"拉力"指的是因为其他高校的待遇、工作环境优越，这些都对员工产生了强大的吸引力，其很希望跳槽到其他高校，以获得较高收入和较好的发展机会；"推力"包括几个方面的内容：一是高校欠缺人力资源规划，造成人力资源政策不稳，主要是教师的晋升途径、奖励制度不规范等促使教师缺乏积极性。二是员工自身的问题，如某些青年教师对工作认识不够，或不能适应新的工作环境，加上年轻、未婚、没有家庭负担等，使他们常常喜欢挑战、尝试甚至调换工作。三是工作压力过大，这里主要还是针对教师而言的。因为高校教师不仅从事教学，还要面临科研压力。比如说，如果想要评副教授，那么至少要在省部级期刊上发十篇文章。如果还想自己在学校里成为教师骨干，文章的质量要求更高。所以刚性的制度必然产生强大的压力。四是人际关系的冲突也容易造成员工流失。五是工作性质的改变或者工作标准的改变，也可使某些员工对现有工作失去兴趣或无法适应而辞职。所以，对于这些情况，高校就需要从体制和机制上加强对内部人员的管理。

3. 高校人力资源内部稳定性分析

任何一个组织都要保持内部人员的相对稳定性，如果流动性过高，对组织的发展极为不利。所以对于高校来说，如果不制定一套规范合理有效的管理制度，尤其是针对前面提到的教师队伍保障制度，那么，作为高校未来发展的动力，教师的不稳定性必然会导致高校的声誉和生源一落千丈。相比其他高校来说，发展就会滞后。而对于其他的管理人员来说，应该积极引入"以人为本"的管理方式，对于一直从事行政和服务工作的人员，同样需要建立有效的激励机制。在公平公正的基础上，增强教职员工的凝聚力，来减少高校人力资源的"内耗"。

4. 高校人力资源充分利用分析

高校人力资源充分利用主要包括年龄、缺勤、事业发展和裁员四项。

第一项：员工年龄分布。高校内部员工的年龄分布情况对于员工的工资、升迁、士气及退休福利等的影响极大。比如，一个已步入成熟或持续收缩阶段的企业，员工的年龄分布偏高，老年员工占较大比例，由于其工资与工龄有关，又由于其资历颇深，退休福利的支出较大等因素，势必会影响到其他员工的升迁机会、进取态度及工作士气。

第二项：缺勤分析。缺勤比值＝因各类缺勤原因而损失的工作日数／(损失工作日数＋工作日数)×100%。

缺勤通常包括假期、病假、事假、怠工、迟到、早退、工作意外、离职等。此外士气低落、生产率低、工作表现差、服务水准差等都可以反映缺勤的情况。如果存在缺勤比较严重的情况，应该对缺勤的影响进行分析，并找出办法改善和解决缺勤问题，保证资源利用，避免浪费。

第三项：员工的职业发展。帮助和指导员工认识自己和工作性质，规划自己的前途，也是发觉员工潜力和挽留人才的手段之一。帮助员工了解职位晋升的信息，为他们提供希望和前进动力。

第四项：裁员。主要是针对高校的编外人员或者是工勤人员来说的。当高校内部需求减少或供过于求时，便出现人力资源过剩，则裁员是无法避免的。

参考文献

[1] 史保东. 高校人力资源管理[M]. 沈阳：辽宁大学出版社. 2009.

[2] 黄快林. 高校人力资源管理的研究与探索[M]. 西安：西安地图出版社. 2009.

[3] 熊卫平. 高校人力资源管理与开发研究[M]. 长沙：湖南师范大学出版社. 2009.

[4] 卢新吾. 当代高校教育教学管理科学研究[M]. 长春：吉林大学出版社. 2010.

[5] 梁丽君. 新时期高校人力资源管理研究[M]. 北京：光明日报出版社. 2015.

[6] 罗春燕. 员工援助计划与高校人力资源管理研究[M]. 南昌：江西科学技术出版社. 2017.

[7] 李媛. 新时期高校人力资源管理改革的理论研究[M]. 哈尔滨：东北林业大学出版社. 2017.

[8] 朱德友. 高校人事管理研究论文集[M]. 武汉：武汉大学出版社. 2017.

[9] 姜丹. 高校人力资源开发与管理[M]. 长春：吉林人民出版社. 2017.

[10] 阙胜齐. 高校人力资源配置和管理研究[M]. 武汉：中国地质大学出版社. 2017.

[11] 马小平. 高校人力资源管理发展与创新[M]. 长春：吉林出版集团股份有限公司. 2018.

[12] 董彦霞. 高校人力资源与行政改革研究[M]. 北京/西安：世界图书出版公司. 2018.

[13] 曹喜平，刘建军. 高等教育视域下高校人力资源管理研究[M]. 石家庄：河北人民出版社. 2018.

[14] 王琪. 高校人力资源管理与行政改革研究[M]. 北京：北京工业大学出版社. 2018.

[15] 丁兵. 当代高校教育管理研究[M]. 西安：西北工业大学出版社. 2019.

[16] 关洪海. 高校教育管理与创新实践研析[M]. 北京：冶金工业出版社. 2019.

[17] 陈晔. 新时期高校教育管理实践研究[M]. 北京：现代出版社. 2019.

[18] 陈妙娜，吴婷，陈景阳.民办高校人力资源管理发展研究与实践[M].北京：企业管理出版社.2020.

[19] 刘俊燕.新时期高校人力资源管理机制研究[M].长春：吉林大学出版社.2020.

[20] 徐东兴.不忘初心砥砺前行新时代高校管理育人的实践与探索[M].武汉：武汉大学出版社.2021.

[21] 叶云霞.高校人力资源管理与服务研究[M].长春：吉林大学出版社.2020.

[22] 高健磊.新时期高校管理与发展路径探索[M].北京：中国政法大学出版社.2021.

[23] 王慧.现代教育理念下的高校教育教学管理研究[M].北京：化学工业出版社.2021.